이교수의 카피교실

이 도서의 국립중앙도서관 출판시도서목록(CIP)은
서지정보유통지원시스템 홈페이지(http://www.seoji.nl.go.kr)와
국가자료공동목록시스템(http://www.nl.go.kr/kolisnet)에서 이용하실 수 있습니다.
(CIP제어번호: CIP2008002218)

Professor Lee's Copywriting Classroom

이교수의 카피교실

이희복 지음

한울
아카데미

이교수의 **카피교실**

이론과 실제, 그리고 비평이 고리를 이루어 순환되어야 진정한
크리에이티브를 창출할 수 있다는 믿음

"카피라이터가 교육을 통해 만들어질 수 있는가?" 언젠가 이런 질문을 들은 적이 있다. "카피라이터로 태어나지는 않지만 만들어질 수는 있겠지요." 현문(賢問)에 우답(愚答)하듯 둘러댔지만 한동안 머릿속에서 이런 질문은 계속 공명되었다.

과연 대학의 관련 전공이나 광고교육기관에서 카피라이터를 만들어낼 수 있을까? 이 문제에 대해서는 쉽게 답하기 어려운 것이 사실이다. 몇몇 카피라이터들이 자부하며 만들어낸, "누구나 카피라이터가 될 수 있지만, 아무나 카피라이터가 될 수는 없다!"는 말이 떠오르곤 한다.

더구나 카피라이터 되기가 낙타가 바늘구멍 지나기보다 힘든 요즘이라면 정말 아무나 될 수 없는 게 사실이다. 그런데도 누구나 될 수 있다는 가능성은 이미 카피라이터라는 이름을 명함에 올린 많은 선배들이 입증하고 있다. 그렇다면 어떻게 준비하는 것이 좋을까?

우선 나에게 카피라이터의 DNA가 있는지 잘 살펴봐야 한다. 또한 나의 업(業)으로 삼을 만한지 철저히 알아야 한다. 열정과 용기만으로 부족한 1%를 채울 영감을 찾아야 한다. 그런 맥락에서 이 책은 카피라이터가 되기 위한 비법서보다는 카피라이팅의 이해를 위한 안내서라고 봐야 할 것이다.

벌써 20년 가까운 시간이 흘렀다. 지금이야 광고 관련 도서 수

6

백 권이 저술되어 교재로 제공되고 있지만 그때는 마케팅 책과 광고 개론서가 몇 권에 불과했다. 특히 크리에이티브나 카피와 같은 전문 분야는 번역서 몇 권이 겨우 읽을거리를 제공할 뿐이었다. 당시 카피라이터를 꿈꾸는 사람이라면 누구나 읽어야 했던 필독서가 몇 권 있었다. 우에조 노리오 교수가 쓴 『카피교실』(맹명관 옮김, 1990)이나 존 케이플즈의 『광고, 이렇게 하면 성공한다』(송도익 옮김, 1990), 그 이전에도 데이비드 오길비의 『어느 광고인의 고백』이나 오리콤에서 번역한 『효과적인 광고카피』 등이 있었다. 카피라이팅 책이 본격적으로 저술된 것은 불과 몇 년 전 카피라이터를 경험한 교수와 현업 카피라이터들에 의해서다.

이러한 책들은 기존의 미국·일본 번역서에 대한 대안으로 참신한 내용으로 구성되었으며 각각의 의의도 찾을 수 있었다. 그러나 여전히 카피라이팅을 이해하기 위한 이론 중심의 교과서에 머물고 있는 게 아닌가 생각되었다. 반면 지나치게 실습과 실기를 강조해 책 읽기에 거부감이 없지 않았다. 따라서 이해와 실제를 함께 다루면서 이론만을 강조하는 교과서가 아닌 이해를 돕는 책으로서 역할을 할 수 있었으면 좋겠다는 생각을 해왔다.

이 책은 카피라이팅에 대한 이해와 실제를 돕기 위한 가이드북임을 자임한다. 대학 강의를 염두에 두고 한 학기 진도에 맞추어 구성했으며 크게 중간고사 이전까지와 이후로 나누고 1부는 이해,

2부는 활용으로 나누었다.

1부는 7장으로 카피란 무엇인가? 바디카피, 효과적인 카피, 카피와 카피라이터, 카피라이팅 플로우, 브리프, 아이디어 발상에 대한 내용을 담아 카피라이팅 전 과정을 이해하도록 했다.

2부는 6장으로 수사적 장식, 수사적 비유, 공명기법, 실전 카피라이팅에 중점을 두고 이론을 실제에서 응용할 수 있도록 했다. 이런 구성을 통해 이론과 실제를 함께 다루고 카피에 대한 이해를 도울 뿐만 아니라 카피 발상과 작성, 공모전과 취업에 이르는 과정까지 간접 경험할 수 있게 했다.

각 장의 도입부에는 학습목표를, 마지막 부분에는 생각해볼 문제를 마련해 그 장에서 배우게 될 내용을 예시하고 공부한 내용을 정리할 수 있도록 했다. '광고읽기, 카피읽기'는 카피라이팅을 위한 광고비평 자료들을 모아놓은 것이다. 이론과 실제, 그리고 비평이 고리를 이루어 순환되어야 진정한 크리에이티브를 창출할 수 있다는 믿음에서다. 또한 독자가 직접 카피라이팅을 실습할 수 있도록 각 장의 마지막 부분에는 '도전 카피라이터' 코너를 마련했다. 이는 자칫 이론과 사례만으로 경험하기 어려운 실제에 좀 더 다가갈 수 있도록 하기 위함이다. 스스로 몰입하여 카피라이팅에 참여하도록 한 것이다.

이 책에서는 헤드라인에서 출발해 카피와 관련한 다양한 분야의 이론과 실제를 학습하게 되는데, 다양한 매체의 광고를 사례로 공부하면서 자연스럽게 카피의 기술과 기법을 이해하게 된다. 광고 쓰기 능력의 향상과 광고 기초 카피 쓰는 법, 광고물의 분석 방법에 대해서도 배우게 된다. 이 책의 목표는 다음과 같다.

첫째, 광고 기획과 제작 과정에서 카피의 중요성을 이해할 수 있다.
둘째, 카피 발상과 제작 과정을 이해할 수 있다.
셋째, 실습을 통해 카피 작성의 실제를 경험할 수 있다.
넷째, 광고회사 신입사원 수준의 카피 지식을 얻을 수 있다.

그러나 이 책은 카피라이터를 꿈꾸는 사람뿐만 아니라 광고를 이해하고 싶은 일반인, 카피라이팅을 알고 싶은 모든 사람에게 열려 있다. 다시 처음의 물음으로 돌아가서 "카피라이터가 교육을 통해 만들어질 수 있을까?" 저자는 만들어질 수 있다는 쪽에 서고 싶다. 적어도 카피에 대한 이해는 교육을 통해 가능하므로 나머지 활용은 독자 스스로가 이 책 안에서 찾아야 할 것이다.

이 책이 세상에 나올 수 있도록 편집과 발행을 도와주신 도서출판 한울의 김종수 사장님과 윤순현 과장님, 양은주 씨에게 고마운 마음을 전한다. 카피라이터로 좋은 광고를 만들 수 있도록 진애드,

MBC애드컴, 오리콤, FCB코리아에서 함께 일한 선후배 광고인들에게, 언제나 저자 서문의 마지막을 장식하는, 든든한 후원자 아내 조성옥과 아들 이다원에게도 감사한다.

2008년 7월
이희복

이교수의 **카피교실**

C · O · N · T · E · N · T

1부

CHAPTER_1 카피란 무엇인가?
   1. 카피의 정의__14
   2. 카피의 종류와 기능__17

CHAPTER_2 바디카피와 카피 구성요소
   1. 바디카피__34
   2. 슬로건(Slogan)__36
   3. 그 밖의 카피 구성요소__40

CHAPTER_3 효과적인 광고카피
   1. 효과적인 광고카피__50
   2. 카피 플랫폼(Platform)__52
   3. 카피 포맷(Format)__53
   4. 매체별 사례__54

CHAPTER_4 카피와 카피라이터
1. 카피와 아트__68
2. 인쇄 광고와 TV-CM의 아트워크__69
3. 카피라이터__73

CHAPTER_5 카피라이팅 플로우
1. 광고 크리에이티브란?__86
2. 광고 크리에이티브의 다양한 개념들__86
3. 광고 크리에이티브의 플로우__89
4. 광고 크리에이티브 사례__92

CHAPTER_6 카피작성을 위한 브리프
1. 주요 광고전략__106
2. 브리프 모델__109
3. 크리에이티브 브리프__110
4. 크리에이티브 브리프의 장점__115

CHAPTER_7 카피 아이디어 발상법
1. 아이디어란?__126
2. 광고 아이디어 찾기__128
3. 아이디어 발상법__130
3. 카피 아이디어 발상에 적용__136

2부

CHAPTER_8 수사적 장식
1. 광고와 언어__146
2. 광고 언어와 수사적 표현(Rhetorical Expression)__148

12

CHAPTER_9 수사적 비유
    1. 광고언어의 의미론__166
    2. 어휘상의 의미전이__169
    3. 문장상의 의미전이__171
    4. 수사적 표현의 연구 경향__173

CHAPTER_10 공명기법 1
    1. 수사적 비유로서의 펀(Pun)__184

CHAPTER_11 공명기법 2
    1. 공명(resonance)__202

CHAPTER_12 실전카피라이팅 1. 카피소구의 유형
    1. 카피와 설득 메시지__220
    2. 강성판매 카피(Hard sell)와 연성판매 카피(Soft sell)__220
    3. 양면 메시지로서 비교광고__222
    4. 이성적 소구와 감성적 소구__224
    5. 유머소구__225
    6. 공포소구__227
    7. 성적 소구__228

CHAPTER_13 실전카피라이팅 2. 광고 공모전
    1. 광고 공모전의 시대__238
    2. 왜, 광고 공모전인가?__239
    3. 공모전에 임하는 자세: 즐길 줄 알아야!__242
    3. 대학생 공모전 수상사례__244
    4. 대학생 광고 공모전 참고 사이트__251

참고문헌_260

|학습목표|

■ 카피의 개요를 이해할 수 있다.
■ 카피라이팅에서 가장 중요한 역할을 하는 헤드라인에 대해 이해할 수 있다.
■ 헤드라인의 종류를 구분할 수 있으며, 헤드라인의 기능을 알 수 있다.

1 카피의 정의

카피(copy)란 무엇인가? 먼저 광고 커뮤니케이션 과정에서 핵심적인 역할을 하는 카피에 대해서 이해할 필요가 있다. 카피는 광고의 비시각적인 부분, 즉 언어적 또는 문자적인 부분을 맡고 있다. 카피를 더 쉽게 말하자면 '광고에 사용된 말과 글'이라고 할 수 있다. 연구자에 따라서는 '광고언어', 또는 말 그대로 '카피'로 나누어 부르기도 하는데 현업에서는 '카피'라는 용어를 더 많이 사용한다. 카피와 '광고언어'는 서로 대체할 수 있으며, 학문영역에 따라서 서로 다르게 사용하고 있다. 또한 최근에는 일반인들도 카피라는 용어에 대해 이해하고 있으며 같은 뜻으로 사용하기에 크게 어려움이 없다. 물론 어떤 이는 카피를 '선전문구', '광고문구', '광고언어'로 부르기도 하지만 이런 용어와 '카피'를 굳이 구분하지 않고 '카피'로 통일해서 사용해도 문제는 없을 것이다.

그러나 넓은 의미의 카피와 좁은 의미의 카피는 서로 다르다. 이 두 개념에 대한 구분과 이해가 필요하다. 넓은 의미의 카피는 광고물(advertisement)의 뜻을 갖는다. 광고 효과 측정을 위한 카피테스트(copy test)라고 할 때는 광고물의 다양한 효과, 즉 카피뿐만 아니라 비주얼의 설득효과를 검증하는 것이므로 이때는 '카피=광고물'이라 보는 것이 옳다. 좁은 의미의 카피 는 '카피, 카피라이터, 카피라이팅'처럼 이 장에서 다루게 될 '광고언어' 자체를 말한다. 카피(copy)라고 하면 광고의 문안, 즉 말과 글로 된 상업적 메시지를 말한다. 광고전략의 핵심 (backbone)을 이루는 메시지가 바로 카피인 것이다. 구체적으로 카피를 구성하는 요소는 헤드라인(Head line), 바디카피(Body copy), 캡션(Caption), 슬로건(Slogan), 브랜드(Brand) 등이 있다. 좀 더 이해가 쉽도록 카피라이터에서 소비자에 이르는 커뮤니 케이션 과정을 벌로(Berlo)의 SMCRE 이론으로 옮겨보면 [그림 1]과 같다.

[그림 1-1] SMCRE 이론으로 본 카피의 흐름

송신자	메시지	채널	수신자	효과
S -	M -	C -	R -	E
카피라이터	카피	광고매체	광고소비자	소비자행동

카피라이터가 송신자(Source)로서 다양한 정보를 설득 메 시지로 작성하는 카피라이팅(기호화, encoding)을 하면 그것이 메시지(Message)가 되어 신문, TV 등 가용 매체(Channel)에 실 리게 된다. 소비자인 수신자(Receiver)는 이 카피를 접한(해독, decoding) 후에 인지 또는 구매 등의 소비자행동이라는 효과

〈표 1-1〉 커뮤니케이션의 언어적 모델로 본 카피라이팅

누가(who)	카피라이터
누구에게(to whom)	소비자
어느 매체로(which channel)	광고 매체
어떤 목표를(with what effect)	광고 목표
무엇을(what to say)	광고 콘셉트
어떻게(how to say)	카피

(Effect)를 거두게 되고, 반복해서 다양한 피드백(Feed back)을 카피라이터에게 전달하게 된다.

    이처럼 카피는 소비자와의 커뮤니케이션이기 때문에 커뮤니케이션의 목표인 설득을 얻는 것이 중요하다. 때문에 카피를 작성할 때는 반드시 누구에게, 어느 매체로, 어떤 목표를 갖는지 분명히 고려해야 한다. 또한 광고 기획서에 제시된 광고 콘셉트를 명확히 이해하고 카피라이팅에 임해야 효과적인 카피를 만들어낼 수 있다. 카피라이팅을 라스웰(Laswell)의 언어적 모델에 적용해보면 <표 1-1>과 같다. 다시 말해 카피라이팅이란 카피라이터(who)가 목표공중인 소비자(to whom)에게 광고 매체(which channel)를 통해서, 광고 목표(with what effect) 달성하도록 설정된 광고 콘셉트(what to say)로부터 만들어진 카피(how to say)를 전달하는 과정이라 할 수 있다.

2 카피의 종류와 기능

카피의 종류를 살펴보면 신문 기사와 매우 유사함을 알 수 있다. 즉, 헤드라인이나 바디카피는 기사 작성과 편집 과정에서 쓰는 용어다. 이는 광고회사의 탄생이 19세기 신문사의 광고 지면 판매업에서 시작되었음을 말해준다. 광고회사 초기에는 기자들이 신문사 내부에서 카피라이팅 업무를 담당했고 기사를 쓰다가 광고의뢰가 오면 카피 작성을 겸했기 때문에 신문 편집 용어가 오늘날 광고회사에서 사용되고 있는 것이다. 그러나 최근에 와서는 오히려 신문사의 편집기자들이 광고회사의 카피라이터에게 신문기사의 헤드라인 쓰는 방법을 수강한다고 하니 어제의 스승이 오늘의 제자가 된 격이 아닌가 한다.

1) 카피의 종류

카피의 종류는 헤드라인, 바디카피, 슬로건, 캡션, 브랜드 등으로 크게 나눠볼 수 있다. 이 밖에도 역할에 따라서 캐치프레이즈, 아이캐치, 스토퍼, 발룬 등이 있다. 위치에 따라 헤드라인 아래에서 헤드라인을 설명하는 서브헤드, 위에서 수식하는 오버헤드, 바디카피를 이끄는 리드 등 카피의 형태와 역할에

〈표 1-2〉 인쇄광고 카피와 방송광고 카피의 비교

구분 / 매체별	인쇄광고(신문, 잡지)	방송광고(TV, R)
헤드라인	헤드라인	키워드(키센텐스)
바디카피	바디카피	내레이션
슬로건	슬로건	슬로건, 송트(song+ment)
캡션	캡션, 스펙, 아이캐치	아이캐치, 이어캐치
브랜드	로고마크, 캐릭터	로고멘트, 로고송, 징글
제한점	공간적 한계(지면)	시간적 한계(시간)

따라 다양한 이름이 붙는다. 물론 이런 구분은 인쇄광고 중심이
지만 TV나 라디오 등 방송광고에서도 헤드라인을 키워드(키센
텐스)로, 바디카피를 내레이션으로 바꿔보면 크게 다르지 않다.
단, 인쇄광고는 지면이라는 공간적 한계가, 방송광고의 경우는
15초 내외 길이의 시간적 한계가 있으므로 매체에 따른 차이에
유의해야 한다(<표 1-2> 참고).

2) 헤드라인

헤드라인은 말 그대로 머리가 되는 가장 중요한 카피로
'표제어, 머리글'이라고도 불린다. 잘 만든 광고는 대부분이 헤
드라인에서 결정된다. 좋은 헤드라인은 사람들의 눈과 귀를
집중하게 하고, 바디카피를 읽도록 유도한다. 신문기사 헤드라
인과의 차이점은 신문기사의 목표가 객관적 보도라면 광고의

〈표 1-3〉 광고 헤드라인과 신문 헤드라인의 비교

헤드라인 종류 비교	광고 헤드라인	신문 헤드라인
본문과의 관계	눈길 끌기: 바디카피 요약 안 함	본문기사 요약
공간의 문제	비교적 제약 없음	제약 있음: 1줄
단어 생략	자유로움	조사나 소유격 생략
커뮤니케이션 효과	설득적	설명적
비주얼과의 관계	상호작용(아트와 조화), 상승효과	객관성(보도사진)

헤드라인은 의도된 설득이라고 할 수 있다. 또한 광고에서는 비주얼과의 상호작용을 통한 상승효과를, 신문에서는 기사와 관련된 설명 자료로서 보도사진이 제시된다. 좀 더 자세한 비교는 〈표 1-3〉과 같다.

이처럼 광고 헤드라인은 신문기사의 헤드라인과 다르다. 더 많은 역할을 수행한다. 85%의 소비자가 헤드라인만 읽는다는 연구결과와, 카피라이터는 노력의 80% 이상을 헤드라인 쓰는 데 쏟아야 한다는 주장은 더욱 설득력을 얻고 있다. 더 강조하지 않아도 헤드라인의 중요성은 헤드라인의 기능에 잘 나타나 있다.

(1) 헤드라인의 기능

과잉 커뮤니케이션 시대에 얼마나 차별된 메시지로 주목하게 하고, 소비자를 구분해내고, 또 바디카피를 읽게 만들고, 소비자행동을 유발하도록 하는가? 로버트 블리(Robert. Bly,

1998)는 헤드라인이 광고에서 가장 중요한 요소임을 역설하고
헤드라인의 기능을 다음 네 가지로 설명했다.

① **소비자의 주의환기**(Getting Attention): 주의(Attention)를
   집중시키려면 헤드라인에서 재미를 주거나 뉴스를 제공
   해야 한다. '새로운, 발견, 소개합니다. 선언, 이제, 여기,
   마침내, 그리고 방금 도착' 등이 헤드라인에 자주 등장하
   는 것도 같은 이유 때문이다. '자유'라는 단어 역시 선호
   되는 카피다. 주의 집중을 위해서 헤드라인은 당연히 가
   장 눈에 잘 띄는 곳에 레이아웃되어야 하며 크기와 서체
   를 선택할 때에도 한눈에 보이도록 해야 한다.

② **잠재고객 선별**(Selecting The Audience): 마케팅과 광고
   경쟁이 치열해지면서 매스 오디언스(Mass Audience)를 대
   상으로 하는 전략은 더 이상 효과적이지 않다. 따라서 세
   분된 시장 또는 파편화된 소비자를 타깃 오디언스로 한정
   하는 전략이 필요하게 되었다. 헤드라인은 바로 그 세분
   된 시장의 잠재고객 한 사람 한 사람을 불러내는 역할을
   해야 한다. 오직 한 사람, 당신을 위한 광고, 당신을 위한
   상품이라는 점을 헤드라인에서 분명히 언급해야 한다.

③ **바디카피로 유도**(Drawing the Reader into the Body Copy):
   모든 정보를 헤드라인에 담을 수 없기 때문에 바디카피를

읽게 해야 한다. 바디카피의 길이가 짧아지거나 때에 따라
서는 생략되는 경우가 있지만 이 경우에도 반드시 더 많은
정보를 확인할 수 있는 경로를 알려주어야 한다. 홈페이지
주소나 무료 전화번호를 넣는 이유도 이와 같다. 소비자의
능동적인 정보탐색을 자극하고 이에 대한 답을 바디카피
에서 제시해야 한다.

④ **완벽한 메시지 전달**(Delivering the Complete Message):
헤드라인을 비롯한 광고의 궁극적인 목표는 소비자행동
이다. 그것이 인지도를 높이는 것이든 판매를 증대하는
것이든 소비자행동에 영향을 주어야 한다. 이를 위해 오
길비(Ogilvy)는 헤드라인에 브랜드를 넣고 약속을 포함해
야 한다고 주장한다. 소비자를 움직여 목표를 달성하는
것이 헤드라인의 주된 기능이다.

(2) 헤드라인의 종류

헤드라인의 종류에 대한 의견은 관점과 연구자에 따라 다
양하다. 헤드라인은 그 내용에 따라 정보제공, 간접적, 뉴스제
공, 어떻게, 질문, 명령, reason-why, 증언식 등 여덟 가지로
나눠볼 수 있다. 각각의 내용을 살펴보면 <표 1-4>와 같다.

① **정보제공 헤드라인**: 판매 정보를 직접 헤드라인에 올리는
것으로 말장난이나 중의법, 동음이의어 등을 사용하지 않

〈표 1-4〉 헤드라인의 종류와 예

헤드라인의 종류	내용	예
정보제공	정보 중심 소구	-257,000 직거래로 한 번! 부부운전으로 또 한 번 빼드립니다(제일화재)
간접적	소비자의 궁금증 유발	아이파크가 들어오면 도시가 숨을 쉽니다(현대산업개발)
뉴스성	뉴스로 받아들일 수 있는 내용	삼성라이온즈 2005 한국시리즈 우승(삼성)
어떻게	해답제공을 약속, 호기심 유발	세상에는 500원짜리 과외수업도 있습니다(신문협회)
질문형	소비자 스스로 답을 찾도록	100% 믿을 수 있는 김치 누가 만들겠습니까?(농협 아름찬)
명령형	지시와 명령, 경고를 사용	밖에서도 닦지 말고 씻자! (웅진 룰루비데)
reason-why	이유를 제시하는 방법	쇼핑에도 계획이 있어야 합니다 (CJ홈쇼핑)
증언식	증언을 통해 신뢰를 얻음	내가 사랑하는 우리 아빠입니다 (삼성생명)

고 핵심적인 정보 내용만 전달한다. 세일광고나 소매점 광고로 고객을 모으기 위한 광고에서 찾아볼 수 있다. 특히 혜택을 중심으로 가격이나 특장점을 제시하는 경우가 여기에 해당된다.

· 불고기 버거세트 단돈 2500원 (맥도날드)
· 파크랜드 겨울 정기세일 30~20% (파크랜드)
· 256단계 되돌리기 기능이 흔글 속으로 (흔글과컴퓨터 흔글2002)

② **간접적 헤드라인:** 소비자의 궁금증을 유발하게 해서 적극적으로 바디카피를 읽게 하는 방법. 중의법을 사용으로 관심을 높이는 방법. 주로 노출의 정도를 극대화하기 위한 전략으로 런칭광고에 많이 나타나는 티저 형식의 헤드라인도 여기에 속한다.

· TV님 죄송합니다. (KTF 매직앤)
· 처음 뵙겠습니다 '이건' 나비입니다. (이건창호)
· 하루 세 번, 예뻐지는 습관 (태평양 새록티)

③ **뉴스성 헤드라인:** 헤드라인의 가장 일반적인 형태로 소비자에게 뉴스를 전달하는 고지형식. 신제품 탄생이나 제품의 성능향상, 가격의 변동 등을 알리는 내용으로 뉴스나 정보를 알려준다.

· Hey, Mr. Action 액티언 탄생 (쌍용자동차)
· 미스 사이공 드디어 한국 초연 (주 CMI)
· 센스Q, 굿디자인 대통령상 수상! (삼성전자 센스Q)

④ **어떻게 헤드라인:** 잡지의 기사나 단행본의 책이름에서 가장 많이 등장하는 호기심 유발형의 헤드라인. 사람들에

[그림 1-2] 뉴스성 헤드라인의 예

게 문제에 대한 답을 제공하며 이어지는 바디카피에 구체
적인 효용과 이익을 담는다.

· 이제, 물로만 세탁한다. (대우전자 마이더스세탁기)
· 건강보험, 100% 안심할 수 있습니까? (알리안츠 파워건강보험)
· 아깝다, 청춘! (스카이라이프)

⑤ **질문형 헤드라인**: 소비자가 답을 찾아가도록 질문을 통해
자극하는 헤드라인. 개인의 이해와 호기심, 니즈(needs)를
자극하면 소비자는 "왜?"라는 물음에 반응하게 된다. 모순
된 질문을 통해 헤드라인에 집중하게 하는 효과가 있다.

· Are you gentle? (GM대우 젠트라)
· 유아식은 다 똑같은 것 같은데 아기과학은 뭐가 다르죠? (매일유업 맘마밀)
· 강남에 산다고 푸른 자연을 포기하셨습니까? (현대산업개발 아이파크 삼성동)

⑥ **명령형 헤드라인**: 잠재고객이 취해야 할 행동을 지시해
매출을 증대하는 방법. 헤드라인 맨 앞에 행동을 요구하
는 강한 명령 또는 충고 형태를 취해야 한다. 단정이나
경고를 통한 위협소구도 여기에 속한다.

· 손발톱무좀, 초기에 못 잡으면 어렵습니다. (한독약품 로푸록스)
· 해충 없는 청정지대, 세스코존으로 오십시오. (세스코)
· 야후! 게임을 모르면서 희로애락을 말하지 말라! (야후 게임)

⑦ Reason-why 헤드라인: 반드시 원인과 결과를 헤드라인에 담을 필요는 없다. 오히려 '~하는 몇 가지 방법이 여기 있다'는 식으로 논리적 제시가 필요하다. 고관여·이성적 제품의 경우에서 많이 등장하는 헤드라인으로 적극적인 정보탐색이 필요한 경우에 알맞다.

· 내가 에쓰-오일에 가는 까닭! (에쓰-오일)
· 대한민국 자동차보험료 15% 깎겠습니다. (교보자동차보험)
· 많은 분들이 자신 있게 호주 청정우를 선택한 이유? (호주축산공사)

⑧ 증언식 헤드라인: 믿을 만한 모델을 통해 실증적으로 상품이 갖는 특장점을 소비자에게 소구하여 설득하는 헤드라인. 호소력과 신뢰를 바탕으로 입증을 통해 소비자를 안심시킨다. 이때 증언하는 사람은 반드시 전문가 또는 호감인물, 실제 사용자 등 관련성 있는 인물이어야 설득력을 높일 수 있다.

· 대한민국 주부님께 '의성마늘햄'을 적극 추천합니다! (롯데햄)
· 인터넷 덕분에 돈 버는 재미에 푹 빠졌죠. (KT)
· 아직도 변비로 고생하세요? 저는 동서 사그라티를 마셔요.
  (동서 사그라티)

이상에서 이야기된 헤드라인의 종류를 암기하고 반복하는 것이 반드시 중요한 것은 아니다. 그러나 유형을 충분히

[그림 1-3] 증언식 헤드라인의 예

이해하고 새로운 광고카피 작업을 위한 가이드라인으로 활용하는 것이 유익할 것이다. 때로는 한 가지 유형의 헤드라인을 실제 광고에서 찾아 다른 유형으로 바꿔보면 카피라이팅 연습에 도움이 될 것이다.

생각해볼 문제

Q1 카피의 정의에 대해 설명하시오.

Q2 인쇄광고 카피와 방송광고 카피의 차이점을 설명하시오.

Q3 헤드라인의 종류와 기능을 말하시오.

Q4 신문 편집용어와 광고카피 용어가 비슷한 이유는 무엇인가?

광고읽기, 카피읽기

카피라이터는 현장의 목소리를 이해해야 한다. 그래서 기자와 같다. 카피라이터는 이야기를 풀어내는 스토리텔러다. 그래서 작가와 같다. 현장을 알고 콘셉트를 뽑아내려면 다른 사람의 생각과 글을 스펀지처럼 빨아들일 수 있어야 한다. 자료수집과 아이디어 기록을 위해서 수첩을 휴대하는 것은 필수다.

일반적으로 기업은 제품 판매에 관심이 높지만 소비자는 욕구를 소비하고자 한다. 광고인, 특히 카피라이터는 이 둘을 만나게 해야 한다. 그래서 옷이 아닌 멋진 외모를, 물건이 아닌 꿈을 팔아야 하는 것이다. 카피의 역할은 소비자의 마음에서 출발해 광고주의 브랜드에 이르게 하는 먼 여정을 가장 쉽고 빠르게 연결하는 것이다. 물건을 팔려고 하지 말고 마음을 얻으려 노력하는 것이 좋은 카피를 쓰는 방법이다. 또한 가리키는 달을 보아야지 손끝을 보아서는 안 된다. 중요한 것은 광고로 고객을 만드는 일이다. 그래서 평생고객을 만들기 위해 물건 대신 꿈과 느낌, 자부심과 행복을 팔라고 했던 마이클 르뵈프의 이야기에 귀를 기울여야 한다. 잘 읽어보면 광고를 어떻게 만들어야 할지, 카피를 어떻게 써야 할지 보일 것이다.

평생고객을 만드는 법

마이클 르뵈프

내게 옷을 팔려고 하지 마세요.
대신 좋은 인상, 멋진 스타일, 매혹적인 외모를 팔아주세요.
내게 보험을 팔려고 하지 마세요.
대신 마음의 평화와 내 가족을 위한 미래를 팔아주세요.
내게 집을 팔 생각은 말아요.
대신 안락함과 만족감 그리고 되팔 때의 이익과
소유함으로 얻을 수 있는 자부심을 팔아주세요.
내게 책을 팔려고요?
아니에요. 대신 즐거운 시간과 유익한 지식을 팔아주세요.
내게 컴퓨터를 팔 생각은 하지 말아요.
대신 기적 같은 기술이 줄 수 있는 즐거움과
효익을 팔아주세요.
내게 타이어를 팔려고 하지 마세요.
대신 기름을 덜 들이고 걱정에서 쉽게 벗어날 수 있는
자유를 팔아주세요.
내게 비행기 티켓을 팔려고 하지 말아요.
대신 목적지에 바르고 안전하게 그리고 제시간에 도착할 수
있는 약속을 팔아주세요.
내게 물건을 팔려고 하지 말아요.
대신 꿈과 느낌, 자부심과 일상생활의 행복을 팔아주세요.
제발 내게 물건을 팔려고 하지 마세요.

[헤드라인 다시 쓰기]

도전 카피라이터

헤드라인의 종류에는 여러 가지가 있습니다. 연구자에 따라 다르게 분류하는데, 앞서 살펴본 것처럼 정보제공, 간접적, 뉴스성, 어떻게, 질문형, 명령형, reason-why, 증언식 여덟 가지로 나눕니다. 반드시 모든 헤드라인이 이 범주에 속하거나 구분이 확연하다고 할 수는 없지만 이 범주를 이해하고 활용한다면 카피라이팅에 도움이 될 것입니다.

가령 위스퍼 광고에서처럼 "위스퍼가 여자의 그날을 바꿀 새로운 생리대를 준비중입니다"라고 뉴스성 헤드라인을 사용했다면, 이것을 나머지 일곱 가지로 바꾸어 써볼 수 있을 것입니다. 같은 콘셉트의 카피라도 표현 단계에서 여러 가지로 써본다면 가장 효과적인 것을 선택할 수 있습니다.

* 헤드라인 다르게 표현해보기
  위스퍼가 여자의 그날을 바꿀 새로운 생리대를 준비중입니다(뉴스성).

  정보제공 ☞

  간접적 ☞

  어떻게 ☞

  질문형 ☞

  명령형 ☞

  reason-why ☞

  증언식 ☞

〈광고 예〉 위스퍼 잡지광고

CHAPTER 2

바디카피와 카피 구성요소

| 학습목표 |

- 바디카피 5원칙을 이해할 수 있다.
- 바디카피와 기타 카피 구성요소를 이해할 수 있다.
- 슬로건의 종류를 구분할 수 있다.

이 장에서는 카피의 기획과 관련해 헤드라인을 부연설명하고 광고의 메시지를 전달하는 바디카피와 슬로건, 그리고 기타 카피 구성요소들을 살펴본다. 바디카피의 5원칙과 슬로건의 종류, 다양한 카피의 형태를 광고물과 함께 학습하게 될 것이다.

1 바디카피

　'본문'이라고도 불리는 바디카피는 헤드라인을 뒷받침하고 본격적인 주장과 설득, 그리고 판촉 메시지를 포함해야 한다. 또 구체적인 소비자행동을 요구하고 이를 실행에 옮길 수 있는 정보로 끝맺어야 한다. 효과적인 바디카피 구성 원칙에는 ① 통일성 ② 흥미성 ③ 단순성 ④ 강조성 ⑤ 설득성 등이 있는데 AIDMA(Attention - Interest - Desire - Memory - Action) 법칙의 각 단계에 맞춰 구성해볼 수 있다(<표 2-1> 참고).

　① **통일성(Attention)**: 콘셉트는 일관성이 필요하다. 하나된 목소리로 카피가 구성되어야 한다. 자칫 헤드라인과 바디카피가 다른 이야기를 하지 않도록 통일성에 유의하면서 카피를 구성해야 한다. 이런 바디카피의 통일성은 주목·집중의 역할을 하게 된다.

　② **흥미성(Interest)**: 바디카피는 시작 부분부터 헤드라인과 맥락을 같이하면서도 소비자가 재미있게 접근할 수 있어야 한다. 끝까지 긴장을 유지하고, 다소 지루해질 수 있는 바디카피를 즐기면서 읽을 수 있도록 구성해야 한다.

〈표 2-1〉 AIDMA와 바디카피의 5원칙

AIDMA 법칙	바디카피 원칙
Attention	통일성
Interest	흥미성
Desire	단순성
Memory	강조성
Action	설득성

③ **단순성(Desire)**: 광고전략 중에서 USP(Unique Selling Proposition: 독특한 판매제안)나 SMP(Single Minded Proposition: 단일 제안)는 모두 단순하게 말하기를 강조하고 있다. 특히 바디 카피에서도 소비자의 한 가지 욕구만 집중적으로 소구해야 한다. 물론 단순할수록 카피는 더 강력해진다.

④ **강조성(Memory)**: 광고에 1회 노출되는 것은 단기기억 (Short Term Memory)에 머물 수밖에 없다. 이것을 장기기억(Long Term Memory)에 저장하는 역할이 바로 강조이다. 기억을 촉진하기 위해 임팩트를 주어야 할 곳에 힘을 싣는 노력이 필요하다.

⑤ **설득성(Action)**: 광고는 설득 커뮤니케이션 과정이다. 모든 카피는 구체적인 행동을 요구해야 한다. 물론 여기에는 인지와 태도의 변화를 포함한다. 매출이 따르지 않는

기업PR의 호의도(Good Will) 형성 역시 소비자행동을 가져온 카피의 설득효과로 볼 수 있다.

2 슬로건(Slogan)

헤드라인과 바디카피와 다른 또 하나의 중요한 카피 형태가 바로 슬로건이다. 잘 만들어진 슬로건(slogan)은 그야말로 천천히(slow) 적을 제압하는 무기(gun)가 되어 경쟁사를 공격하기도 하고 자사제품을 방어하기도 하며 캠페인을 승리로 이끈다. 적절한 기업의 커뮤니케이션 활동 중에서 첨병 역할을 하면서 마케팅과 광고 등 전방위로 사용되는 슬로건에 대해서 알아보자.

(1) 슬로건의 정의

슬로건은 'slaugh'와 'gaimm'의 합성어로 '위급한 때를 알리는 소리'라는 뜻이었는데 전쟁 시에 사람들을 모으기 위해 사용되었다고 한다. 오늘날 '마케팅 전쟁'에 슬로건이 등장하게 된 것 역시 사람들을 움직이기 위한 수단으로 활용되면서부터다.

〈표 2-2〉 슬로건의 예

슬로건의 종류	기업 슬로건	브랜드 슬로건	캠페인 슬로건
예) 삼성	우리나라 대표 브랜드	또 하나의 가족 삼성전자	Samsung Digital Everyone Invited

(2) 슬로건의 종류

슬로건은 크게 기업 슬로건, 브랜드 슬로건, 캠페인 슬로건의 세 가지로 나눠볼 수 있다. 각각의 구분을 위해서는 각 슬로건의 목표가 무엇인지를 살피면 쉽게 알 수 있다. 즉, 수식하는 내용이 무엇이냐에 따라 구별하면 된다. 슬로건 구분의 예는 <표 2-2>와 같다.

① **기업 슬로건**: 기업의 이념이나 정신을 소비자에게 알리기 위해 사용된다. 딱딱한 일방적 커뮤니케이션에서 좀 더 쉽고 편안한 소비자의 용어로 바뀌고 있다. 대부분의 경우 로고와 함께 쓰인다. 최근 기업의 브랜드 전략에 따라 기업 슬로건과 브랜드 슬로건이 일치하는 경우를 자주 발견할 수 있다. 또한 성공한 캠페인 슬로건이 기업 슬로건의 자리로 옮겨오는 사례도 있어 유동적이라고 할 수 있다.

[그림 2-1] 삼성 파브 광고

· Inside Your Car (현대모비스)
· 깐깐한 정수기 (웅진코웨이)
· 길을 아는 사람들 (대우증권)

② **브랜드 슬로건**: 개별 제품의 특장점을 표현하거나 타 제품과 차별하기 위해 사용된다. 기업 브랜드의 경우 기업 슬로건과 같은 경우를 찾아볼 수 있다. 브랜드의 중요성이 높아지면서 브랜드 슬로건의 관리가 더욱 중요해졌다. 브랜드 슬로건의 경우는 제품의 특징과 관련된 내용을 쉽고 빠르게 소구하는 경우로 다음 예와 같다.

· 전자제품 살 땐 하이마트 (기업브랜드의 경우)
· 나타나면 에프킬라 (한국존슨)
· 쇼핑의 자유 신세계 상품권 (신세계)

③ **캠페인 슬로건**: 캠페인이란 일정한 기간 동안 사용 가능한 모든 매체를 통해 하나의 주제를 집중적으로 소구하는 것을 말하는데 여기서 일관성 있는 주장을 담은 카피를 캠페인 슬로건이라 할 수 있다. 일정한 시기에 제한적으로 사용되며 수용자에게 집중적으로 소구된다.

· 하늘만큼 땅만큼 교보생명
· 고객은 우리의 가족 대한항공
· 과거를 묻지 마세요. 나는 KTF멤버스로 이동합니다!

〈표 2-3〉 슬로건과 헤드라인의 비교

비교	슬로건	헤드라인
역할	독립	종속
사용	다회	일회
형식	완전	불완전

(3) 슬로건과 헤드라인의 비교

슬로건과 헤드라인의 차이점은 첫째, 독립성이다. 홀로 쓰일 수 있는가를 판단하면 된다. 슬로건은 비주얼이나 다른 아트워크의 도움 없이도 따로 사용될 수 있다. 그러나 헤드라인은 읽기 좋은 위치에 비주얼의 도움을 받아야 완벽한 광고물이 된다.

둘째, 다회성이다. 한 번 쓰고 폐기되는 것이 아니라 장기간 지속적으로 사용된다면 슬로건으로 볼 수 있다. 물론 의도하지 않았던 헤드라인이 좋은 반응을 얻어 슬로건으로 발전되는 경우가 있지만 일반적인 헤드라인은 하나의 광고물 안에서만 역할을 하고 수명을 다하는 게 보통이다.

셋째, 완결성이다. 헤드라인은 눈을 끌어 바디카피를 읽게 해야 하지만 슬로건은 그 자체로 완전한 의미를 전달해야 하기 때문에 정확한 의미를 담아야 한다. 슬로건과 헤드라인의 비교는 <표 2-3>과 같다.

(4) 좋은 슬로건을 위한 가이드라인

좋은 슬로건은 법칙에 의해 만들어지는 것이 아니다. 이론을 바탕으로 오랜 수련기간을 거친 현장 전문가의 경우에도 쉽지 않은 고민과 작업을 거쳐 만든다. 그러나 효과적인 슬로건을 만들기 위한 몇 가지 체크리스트는 다음과 같다.

· 너무 길지 않은가? → 짧아야 한다.
· 너무 복잡하지 않은가? → 문장의 의미가 명확해야 한다.
· 문장이 적절한가? → 문구의 짜임새가 적절해야 한다.
· 독특한 무엇이 있는가? → 독창적이어야 한다.
· 관심을 끌 만한가? → 재미가 있어야 한다.
· 너무 어렵지 않은가? → 기억하기 쉬워야 한다.

3 그 밖의 카피 구성요소

헤드라인과 바디카피, 슬로건 외에도 캡션, 브랜드, 캐치프레이즈, 아이캐치, 스토퍼, 벌룬 리드 등도 카피의 종류에 포함할 수 있다. 다음 광고 예에서 그 각각을 확인할 수 있다.

· 캐치프레이즈: 파워를 꺼도 꿈은 연주된다.

· 오버헤드: 노트북 속으로 오디오가 들어왔다!

· 헤드라인: 퓨전노트북, 드림북 F시리즈

· 바디카피: [바디블록]

· 브랜드: 삼보컴퓨터 드림북 F

· 브랜드 슬로건: I have a Dream, I have a Dreambook

· 캠페인 슬로건: 컴퓨터노트북 – 삼보드림북

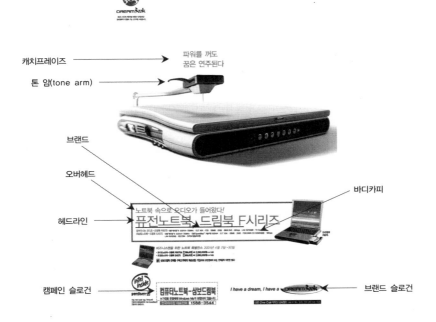

[그림 2-2] 삼보컴퓨터 노트북 광고

이 광고에서는 메인 비주얼로 제시된 노트북은 오디오 기능을 설명하기 위해 톤 암(tone arm)과 강제 결합된 비주얼을 보여주면서 "파워를 꺼도 꿈은 연주된다"라는 캐치프레이즈가 시선을 끈다. 캐치프레이즈의 역할을 헤드라인과 바디카피로 연결해 비주얼에 좀 더 오래 시선이 머물 수 있도록 한다. "퓨전 노트북, 드림북 F 시리즈"는 브랜드이면서 헤드라인으로 가장 크게 중앙에 레이아웃되어 있다. 또 "노트북 속으로 오디오가 들어왔다"라는 핵심 메시지를 헤드라인 위에 위치시켜 오버헤드로 볼 수 있다. 또한 노트북 위 시선이 가장 집중되는 곳에 위치한 아이캐치로 볼 수 있다. 이밖에 하단에 블록을 이루고 있는 바디카피와 제품 정보, 전화번호 등은 스펙으로 처리되어 있다. 이렇듯 카피는 레이아웃된 위치와 역할에 따라 다양한 이름으로 부를 수 있다.

생각해볼 문제

Q1 슬로건과 헤드라인의 차이점은 무엇인가?

Q2 슬로건의 종류에 대해 설명하시오.

Q3 바디카피의 5원칙을 말해보시오.

Q4 신문광고 하나를 보고 카피의 유형을 말해보시오.

광고읽기, 카피읽기

17대 대통령선거는 유난히 정책 이슈보다는 후보 신상에 관한 시비가 이어졌고, 광고도 유권자들에 대한 구애보다 지루한 공방전이 계속된 것도 사실이다. 어쨌든 후보라는 개인 브랜드를 알리고, 선호도를 제고해 투표 행위로 옮기게 하는 일련의 과정은 소비자행동의 과정과 같다. 1997년 이후로 2002년을 거치면서 2007년 대선에서도 많은 수사와 이미지가 등장하고 있다. 광고에는 일관성이 중요하다. 포스터, 동영상 등 매체에 따라 '어떻게(how)'는 다르지만, '무엇을(what)'은 일관되게 전해야 한다. 이렇게 광고의 콘셉트는 '지름길의 수사학'으로 불리는 슬로건(Slogan)으로 요약된다. 슬로건은 광고카피와 달리, 캠페인 기간에 계속해서 사용되며 핵심 메시지를 담는다. 한 번 치고 빠지는 스트레이트가 아니라 지속적인 잽과 같은 구실을 하는 것이다.

특히 정치에서는 슬로건이 큰 구실을 하는데, 1956년 대선에서 나온 민주당 신익희 후보의 "못 살겠다, 갈아보자"와 자유당 이승만 대통령의 "갈아봐야 더 못 산다"는 널리 알려진 슬로건이다. 미국 클린턴의 "문제는 경제야, 이 바보야!"나 레이건의 "당신은 4년 전보다 살기가 나아졌느냐", 브라질 룰라의 "행복해지기를 두려워 맙시다"는 국내에서도 패러디됐던 정치 슬로건이다. 이런 맥락에서 이번 대선 후보들의 슬로건은 매우 실망스럽다. 기호 순으로 포스터 메인 카피와 슬로건을 보면 "가족이 행복한 나라, 좋은 대통령"(1번 정동영), "성공하세요, 실천하는 경제 대통령"(2번 이명박), "세상을 바꾸는 대통령"(3번 권영길), "다시 뛰자 대한민국! 부지런한 대통령"(4번 이인제), "500만개 일자리 대한민국 재창조, 믿을 수 있는 경제 대통령"(6번 문국현), "반듯한 대한민국, 듬직한 대통령"(12번 이회창) 등이다.

이렇듯 자신의 콘셉트를 개념으로 설명하고 있으나 유권자의 눈과 귀, 그리고 마음을 울리는 슬로건은 찾기 어렵다. 행복이나 성공은 추상적인 단어이며, 경제와 대한민국의 조합은 신선한 느낌이 없다. 오히려 핵심적인 메시지보다 주변 메시지인 컬러나 후보의 사진 등에 더 많은 신경을 쓴 것처럼 보인다. 정치 커뮤니케이션에서 설득은 화자의 공신력(에토스·Ethos)에서 시작되지만, 메시지로서 슬로건(로고스·Logos)이 유권자의 심금을 울려야(파토스·Pathos) 선거에서 승리할 수 있다. 슬로건은 유권자의 마음을 천천히(Slow) 설득하는 총(Gun)과 같다. 그러나 무엇보다 중요한 것은 슬로건이 브랜드인 후보와 적절한가이다. 몸에 맞지 않는 옷을 걸쳤거나, 남들과 같은 색깔, 어디서 들은 것 같은 힘없는 메시지는 식상할 수밖에 없다. 오늘날 정치광고의 소비자인 유권자는 많은 정보와 선택권을 갖고 매우 현명한 소비자행동을 하기 때문이다.

 － "행복과 대한민국으로 울리겠나", ≪한겨레21≫, 2007년
   12월 18일자.

도전 카피라이터

[속도는 슬로우 파괴력은 샷건, 슬로건!]

슬로건의 중요성은 다시 강조할 필요가 없습니다. 요즘과 같은 통합 마케팅 커뮤니케이션 상황에서는 각각의 광고 메시지도 중요하지만 전체 캠페인을 이끌어가는 슬로건 하나의 역할이 매우 큽니다. 때문에 슬로건을 잘 만들고 잘 사용해야 광고 캠페인의 성공을 담보할 수 있습니다. 브랜드 슬로건, 캠페인 슬로건, 기업 슬로건 등 수식대상에 따라 다르게 부릅니다만, 서울우유 광고에 서는 헤드라인과 캠페인 슬로건이 같았습니다. 서울우유 브랜드 슬로건의 경우 는 영문으로 "Milk Mania"라고 되어있는데, 최근에 와서는 외국어로 된 슬로 건도 자주 볼 수 있습니다. 서울우유의 헤드라인 겸 캠페인 슬로건과 브랜드 슬로건을 다시 써봅시다.

* 캠페인 슬로건 고쳐 써보기
   사랑한다면 하루 세 번 ☞

* 브랜드 슬로건 고쳐 써보기
   Milk Mania ☞

CHAPTER 3

효과적인 광고카피

| 학습목표 |

■ 효과적인 광고카피를 이해할 수 있다.
■ 카피의 ABC를 이해할 수 있다.
■ 카피의 플랫폼과 포맷을 이해할 수 있다.
■ 카피의 매체별 사례를 살펴본다.

이 장에서는 효과적인 광고카피를 위한 주요 개념들을 학습하게 된다.
카피의 ABC로 불리는 주목(Attention)과 혜택(Benefit), 창의성(Creativity)을 배우게 될 것이다. 또한 카피 발상을 위한 출발점이라고 할 수 있는 카피 플랫폼과, 카피의 형식을 좌우하는 카피 포맷도 살펴보도록 하겠다.

1 효과적인 광고카피

카피를 잘 쓰기 위해서는 '글쓰기의 3다(多)'와 같이 많이 읽고[多讀] 많이 생각하고[多商量] 많이 만들어보는[多作] 연습이 필요하다. 가령 1,000개의 아이디어를 떠올리고 거기에서 100개의 썸네일과 러프스케치, 10개의 시안이 만들어지면 마지막으로 1개의 광고가 선택되어 매체에 실리게 된다. '카피라이팅의 1111'은 그만큼 많은 양의 생각과 읽기와 쓰기가 필요하다는 점을 강조한 말이다.

1) 카피의 ABC

영어 알파벳의 ABC처럼 카피에도 ABC가 있다. 즉, 카피가 가져야 할 기본적인 속성을 말하는 것이다.

A는 Attention(주목)이다. 사진촬영을 할 때 사진사가 "여기를 보세요, 하나 둘 셋" 하는 것처럼 카피는 사람들의 눈과 귀를 끌 수 있어야 비로소 카피의 역할을 하게 된다. 읽히지 않고 들리지 않는다면 카피라고 할 수 없다. 그냥 문장이거나

소리에 머물러선 곤란하다. 하루에도 수십 수백 개의 광고 메시지를 접하기 때문에 주목은 카피의 가장 기본적인 역할이다. 또 다른 A는 Accordance(비주얼과의 조화)이다. 카피와 비주얼의 적절한 상호작용은 주목뿐 아니라 기억을 높이기 위해 사용되며 광고효과를 극대화할 수 있다.

B는 Benefit(혜택)이다. 주목하게 했으면 그다음엔 뭔가 주어야 한다. 당장의 이익이든 심리적 보상이든 확실한 소비자 만족을 제공해야 한다. 약속을 반드시 담고 있어야 한다. 사람들의 마음은 그리 쉽게 움직이지 않는다. 본인의 지갑과 관련된 얘기일수록 귀담아 듣게 된다. 또 다른 B는 Brevity(간결성)이다. 정보처리가 쉽고 빠르게 이뤄져야 한다.

C는 Creativity(창의)다. 사람들의 관심을 끌 수 있는 적절하고 독창적이며 힘 있는 독창적인 아이디어가 필요하다. 아무리 잘된 카피라 하더라도 콘셉트와 아이디어가 잘 맞아떨어져야 창의적인 카피가 될 수 있는 것이다. 그 때문에 창의성의 문제는 광고의 성패를 좌우하는 중요한 요인으로 카피 작성에서 반드시 살펴봐야 할 요소이다. 또 다른 C는 Clarity(명료성)이다. 모호하지 않고 명확하게 해야 한다는 것이다.

2 카피 플랫폼(Platform)

카피발상의 기본이라 할 수 있는 카피 플랫폼은 광고의 목적이나 기획에 따라 카피라이터가 작성해야 하는 표를 말하는데, 제품이 주는 이점을 제품의 특징을 갖고 증명한 카피의 대차대조표라 할 수 있다. 다시 말해 정류장의 플랫폼이면서 승강장이다. 기본적인 제품의 속성에서 출발해 소비자의 혜택이란 궤도수정이며 소비자를 위해 혜택으로 바꿔 타기이다. 과거 경쟁이 치열하지 않았던 때는 그저 사실(Fact)만 잘 전달해도 충분했지만 제품력이 평준화되어 더 이상 차별이 어려운 오늘날에 와서는 구체적인 이익을 제시하는 것이 효과적이다. 연비가 얼마만큼 개선되었다는 것보다는 그래서 얼마의 연료비가 절감되는지 직접 알려줘야 소비자를 움직일 수 있다. 카피를 잘 쓰기 위해서는 이런 플랫폼을 자주 이용해야 한다(<표 3-1> 참고).

〈표 3-1〉 카피 플랫폼

Attribute(속성)	⇨	Benefit(혜택)
(제품 특장점)	⇨	(소비자 이익)
연비향상	⇨	돈 벌어주는 차

3 카피 포맷(Format)

  카피의 일정한 형식을 유지하는 것도 중요하다. 카피 포맷
은 하나의 흐름을 이루는 광고 캠페인 또는 시리즈 광고에서
그 기준이 되는 카피의 전체적인 틀이나 구조를 미리 정해두는
것이다. 하나의 패턴을 마련해두면 한정된 예산으로 보다 효율
적인 광고 집행을 할 수 있을 것이다. 일정한 형식을 유지하는
것은 일관성 차원에서 소비자를 쉽게 우리 편으로 만들 수 있
다. 단지 카피만의 문제가 아니라 비주얼이나 컬러, 기타 디자
인 요소의 아이덴티티를 유지하려는 노력은 모든 광고물에 반

[그림 3-1] 지퍼락 용기 캠페인 잡지 광고

드시 필요하다.

　지퍼락 용기 잡지 광고를 보면 "지퍼락이니까"라는 헤드라인이 동일하게 사용되었으며 바디카피에서 "전자렌지에도 안전하게", "냉동실에도 거뜬하게" 등과 같은 일정한 형식을 유지하고 있다. 이처럼 카피의 일정한 아이덴티티를 카피 포맷이라고 한다. 지퍼락의 예처럼 비주얼과 레이아웃의 아이덴티티와 함께 카피 포맷은 캠페인 전개를 위한 출발점이 된다.

4 매체별 사례

1) 인쇄광고 카피

　신문광고와 잡지광고 등 인쇄광고는 가장 전통적인 매체이면서도 활용가치가 우수한 매체다. 특히 신문광고의 카피는 설득효과가 가장 높다. 특정 유력 신문에 실리면 광고의 권위도 함께 올라가는 효과가 있다. 신문광고에서 헤드라인은 더욱 중요해진다. 헤드라인만 읽는 독자가 많기 때문에 카피라이터는 인쇄광고의 헤드라인에 심혈을 기울여야 한다. 또 방송광고

카피보다 비주얼과 조화를 이루어 시너지 효과를 거둘 수 있어
야 한다. 인쇄광고 카피 작성에서 참고할 만한 '5I의 룰'(Idea
- Information - Interest - Impact - Impulsion)은 아이디어에서 출발
해 정보를 담고 있으며, 재미있고 임팩트도 있어 소비자 행동을
자극해야 한다는 규칙을 말한다. 인쇄광고는 방송광고와는 달
리 시간이 아닌 공간매체이므로 카피와 아트를 적절하게 레이
아웃하는 것도 중요하다. 잡지광고의 경우는 인쇄 품질이 좋기
때문에 카피를 더욱 돋보이게 할 수 있다. 또 구독하는 잡지가
카피를 읽는 독자를 세분화해주기 때문에 일반 신문과는 달리
카피라이터는 광고가 게재되는 잡지의 성격에 맞춰 카피를 작
성해야 한다.

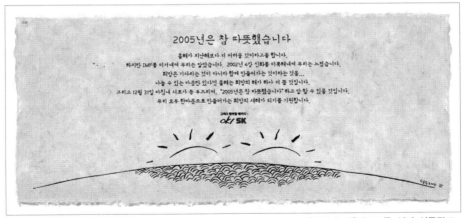

[그림 3-2] SK그룹 신년 신문광고

2) TV광고 카피

　영상의 시대답게 현대광고의 많은 부분은 TV 광고가 차지하고 있다. 타 매체와 달리 시각과 청각에 동시에 소구하기 때문에 감정이입이 빠르다. 같은 시간에 가장 많은 사람에게 가장 강력하게 전달할 수 있어 광고주들이 선호하는 매체이다. TV 광고는 15, 20, 30초로 나눌 수 있으며 강한 비주얼에 의존하므로 카피는 비주얼과 상호작용을 통해 시청자에게 어필하게 된다. 일반적인 TV 카피의 구성은 도입부 카피와 슬로건, 로고로 구성되어 있으며 때로는 트레일러(Trailer)의 형식으로

[그림 3-3] 대우증권 기업PR TV-CM 눈길 편

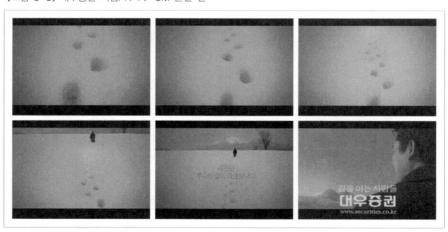

NA:　눈 덮인 들길 걸어갈 제 아무렇게나 하지 말지니
　　　오늘 남긴 내 발자국 마침내 뒷사람의 길이 되리니
　　　새천년 투자의 길이 되겠습니다.
　　　길을 아는 사람들, 대우증권

광고 뒷부분에 재인지(Remind)를 위한 카피를 첨부하기도 한다. 특히 TV에서 카피는 크게 읽히는 카피(자막, 로고)와 들리는 카피(멘트, 송, 로고)로 나뉘는데 자막과 카피의 불일치는 시청자의 혼동을 가져올 수 있으므로 일치시키는 것이 좋다. TV와 라디오의 경우는 한국광고자율심의기구의 사전심의를 얻어야 방송이 가능하기 때문에 저속한 표현이나 근거 없는 표현 또는 과장된 카피, 외래어나 문법에 맞지 않는 표현 등은 심의과정에서 제재의 대상이 되므로 카피 작성 이전에 방송이 가능한 수준인지 반드시 확인해야 한다.

3) 라디오 광고카피

라디오 광고는 줄여서 R-CM(Radio Commercial Message)이라고도 하는데 20초라는 시간 한계 속에서 말 또는 소리에 의존한다는 점이 특징이다. 그 때문에 글보다는 말이 설득적이며 인쇄광고의 아이캐치처럼 이어캐치(ear catch), 즉 청각을 집중하게 할 요소를 의도적으로 포함시켜야 한다. CM을 노

여) 온종일 나무 위에 까치가 소란하다.
좋은 날 다 놔두고 바람 많은 날 골라 집 지으니
모진 바람 닥쳐도 끄떡없겠구나.
가르쳐주지 않아도 저마다 사는 방법
자연에서 배우니 놀랍구나. 생명의 힘이여

NA) 숲의 소리를 들어라!
우리강산 푸르게 푸르게 유한킴벌리

[그림 3-4] 유한 킴벌리 라디오 광고
'숲의 소리를 들어라 까치 편'

래로 만드는 CM송(Commercial Song), 브랜드만을 노래로 만드는 로고송(Logo Song), 슬로건을 노래로 만든 송트(Song+Ment) 등을 징글(Jingle)이라고 하는데 징글은 라디오 광고에 귀를 기울이게 하고 장기기억으로 옮겨주는 역할을 한다. 또 소리에만 의존한다는 단점이 있지만 반대로 청취자가 상상하게 한다는 장점도 있다.

이 밖에도 배경음악(Back Ground Music)을 활용한다거나 시즐(Sizzle)을 높이기 위해 사운드효과(Sound Effect)를 활용하기도 하고 외국인 성우를 활용하는 것도 다 이런 이유다. 이미지와 비주얼이 강조되는 시대라 하지만 R-CM은 타깃 세분화가 가능하고 라이프사이클에 접근한 유효한 매체다. 광고비가 비싼 신문광고나 TV 광고만 고집할 게 아니라 광고 효과에 관심 있는 광고주라면 라디오 매체에도 관심을 가져볼 만하다([그림 3-4] 참고).

생각해볼 문제

Q1 카피 플랫폼과 카피 포맷의 차이점에 대해 설명하시오.

Q2 카피의 ABC에 대해 말해보시오.

Q3 카피라이팅의 1111이란 무엇인가?

Q4 카피 발상의 시작, 카피 플랫폼에 대해 아는 대로 말하시오.

광고읽기, 카피읽기

부동산 광고, 누구의 책임인가?
— 허위·과장의 문제, 책임지고 해결하는 모습이 필요하다

얼마 전 공정거래위원회가 부동산 허위·과장광고 증가에 대해 '소비자피해 주의보'를 발령했다. 올 1~5월까지 공정거래위원위가 접수한 아파트, 상가 관련 부당광고 신고 건수가 작년의 두 배인 35건으로 증가했기 때문이라고 한다. 이보다 며칠 전에도 광고에서 약속한 시설물을 미설치하고 시공사와 시행사를 속여 허위·과장 광고한 2개 업체에 시정조치를 내린 바 있다. 한국광고자율심의기구에서 발행하는 월간 ≪광고심의≫에서도 부동산 광고 문제를 특집으로 다루며 주요 유형과 소비자단

체의 모니터, 심의사례와 함께 부동산 분양광고에서 살펴야 하
는 몇 가지 주의사항까지 자세히 소개했다. 2001년부터 최근
5년간 477건의 부동산 관련광고가 허위, 과장된 내용으로 공정
위로부터 시정명령 또는 경고조치를 받은 바 있다고 한다. 적게
는 몇 천만 원에서 수억 원에 이르는 고가의 상품을 구매하는
과정에 광고가 잘못 이용되고 그로 인한 피해가 고스란히 소비
자에게 전가된다는 것은 커다란 문제가 아닐 수 없다. 더구나
그것이 전 재산에 해당하는 경우라면 그 경중은 말할 필요가
없다. 현재와 같이 정부나 심의기구에서 뒷북치는 식의 엄포가
과연 얼마나 실효성이 있는지 의문을 갖지 않을 수 없다. 문제의
심각성에 비추어 잘못된 부동산 광고에 대한 개선방안이 강구
되지 않는다면, 같은 문제가 반복되어 나타날 뿐 근본적인 해결
책은 멀다. 결국 해결방법은 소비자가 주의하는 방법밖에 없다
는 것인가?

　광고는 필연적으로 허위·과장광고로 흐르기 쉬우며, 이 과정
에서 견제할 만한 시스템이 미비하다는 점을 지적하고 싶다.
현재 우리나라의 광고에 대한 심의는 한국광고자율심의기구가
맡고 있다. 신문과 잡지 등 인쇄매체는 사후에, TV와 라디오
등 방송광고는 사전에 심의를 한다. 때문에 부동산 광고의 허위·
과장문제는 주로 인쇄매체에서 발생한다. 물론 공정거래위원회
에서도 직권으로 실태조사를 하고 있지만, 이 역시 '사후약방문
(死後藥方文)'에 그치고 있다. 좀 더 근본적인 시스템에 의한 예방
의 필요성이 제기된다.

　무엇보다 광고주나 광고회사의 자율적 심의가 우선되어야 한
다. 그러나 이해 당사자가 스스로를 검열하는 것은 쉽지 않아

보인다. 이것은 몇 가지 방법으로 제도화될 수 있다. 첫째, 업계 자율심의이다. 이것은 현재 제약협회나 금융업 등 몇몇 업계에서 시행하는 방법이다. 업계의 동의를 얻어 사전에 광고를 심의해 문제점을 방지하는 것이다. 경우에 따라서는 광고심의기구보다 더 철저하게 걸러내서 회원사들의 불만이 높을 정도로 깐깐한 것으로 알려져 있다. 시공사와 시행사, 분양 대행사 등 부동산업계의 중지를 모아 자율심의를 거쳐 광고매체에 싣는다면 허위·과장광고의 폐해를 줄일 수 있을 것이다.

둘째, 매체의 자율심의이다. 이것은 수익자 부담의 원칙에서 출발하는 당연한 의무이기도 하다. 광고비를 받는 신문사나 잡지사, 방송국 등이 이와 관련하여 일정부분 책임을 지는 것이다. 일본의 경우에도 신문사 내부에 광고심의를 거쳐 광고를 게재한다. 가령 전철역에서 0분 또는 00m라고 한다면 실제로 측정해 확인을 거치기도 한다는 것이다.

셋째, 제도권 밖의 광고주와 광고업자들을 제도권 안으로 수용하는 문제다. 다수의 허위·과장광고는 정상적인 광고산업 테두리 밖에서 이뤄지기도 한다. 더구나 매체광고 이외의 카탈로그를 비롯한 인쇄물이나 판촉물은 무방비 상태에 있다.

'심의'하면 누구에게나 부담으로 작용할 수밖에 없다. 영화나 방송에는 사전심의가 없다. 대세는 심의의 철폐가 옳다. 소비자의 눈높이도 과거와는 다르다. 법에 호소해 건설사에 승소하는 개인이나 입주민들도 심심치 않게 언론에 등장한다. 부동산업계와 광고업계, 매체사 스스로 문제를 해결하려는 의지가 필요하다. 「방송광고심의에 관한 규정 34조(부동산)」이나, 「광고자율심의 규정 3장 45조(부동산)」보다 우선되어야 할 것은 신뢰할

수 있는 광고, 지속가능한 광고를 통해 소비자에게 사랑받겠다
는 기업정신의 회복이다. 타율에 앞서 스스로 책임지고 문제를
해결하는 것이 가장 좋은 방법이다.

   − "부동산 광고 누구의 책임인가?", ≪광고계 동향≫, 2006년
     8월.

도전 카피라이터

[아이디어는 패러디하되, 카피는 독창적으로!]

다음 두 편의 광고는 금연에 관한 내용입니다. 먼저 잠자는 숲속의 공주를 패러디한 애니메이션 광고는 2003년 우리나라에서 만든 광고인데 헤드라인이 없습니다. 만약 오길비가 봤다면 대번에 화를 냈을 겁니다. 그는 "가장 어리석은 일은 헤드라인이 없는 광고를 게재하는 것이다. 이는 '머리를 없애는 것처럼' 불가사의한 짓이다"라고 할 정도였으니까요. 다음은 미국 암환자 구호센터의 금연 캠페인으로 말보로 캠페인을 패러디했습니다. 두 광고의 공통점은 아이디어가 기존의 이야기를 바탕으로 하고 있다는 점, 그리고 간접흡연의 폐해를 보여주고 있다는 점입니다. 자, 이제 여러분이 카피를 써볼 차례입니다.

* 헤드라인 써보기
   ☞

* 헤드라인 다시 써보기: Second hand smoke kills.
   ☞

〈광고 예〉 금연광고 잠자는 숲속의 공주 패러디 편

〈광고 예〉 금연광고 말보로맨 패러디 편

|학습목표|

- 카피와 아트를 이해할 수 있다.
- 카피라이터의 역할을 이해할 수 있다.
- 직업으로서 카피라이터에 대해 알 수 있다.

이 장에서는 카피와 아트의 관계, 인쇄광고
와 TV 광고 제작과정, 그리고 카피라이터
의 조건과 카피라이터가 알아야 할 광고
십계명 등 광고 크리에이티브의 꽃이라고
할 수 있는 카피라이터에 대해 알아본다.

1 카피와 아트

　　카피라이터는 독립적으로 일을 하지만 혼자서는 광고물을 완성할 수 없다. 아무리 좋은 광고카피라 하더라도 디자이너와 프로듀서의 손을 거치지 않고는 최종 광고물로 매체에 실릴 수 없다. 일반적으로 광고회사에서 카피라이터가 아트워크를 직접 담당하는 경우는 드물다. 아트워크는 크게 인쇄광고를 담당하는 그래픽디자이너(GD)와 TV-CM 등의 전파광고를 담당하는 PD(또는 CM플래너)가 각각의 영역을 담당하고 있어 카피라이터는 이들과 협력관계를 맺으며 팀을 이뤄 작업을 하게 된다. 그렇지만 각각에 대한 이해 없이는 팀워크를 발휘할 수 없으며 아이디어에서 최종 제작물 완성까지 일관성을 유지할 수 없다. 전문적인 교육은 아니더라도 카피라이터 역시 각 영역에 대한 오리엔테이션이 필요하다.

2 인쇄광고와 TV-CM의 아트워크

　인쇄광고에서 활용되는 광고 요소는 ① 헤드라인, ② 바디카피, ③ 일러스트레이션, ④ 사진, ⑤ 로고 마크, ⑥ 브랜드 등인데 여기서 일러스트레이션은 광고에 활용되는 메인 비주얼로서 이런 요소를 레이아웃해 효과적인 광고물을 만드는 것이 디자이너의 역할이다. 레이아웃의 종류는 <표 4-1>과 같다.

　대표적인 레이아웃의 사례로는 균형과 불균형, 대칭, 리듬, 운동감과 방향, 콘트라스트(대조), 여백, 긴장감, 시선의 흐름, 카피의 시각화 등 아홉 가지로 나눠볼 수 있는데 이에 대한 이해는 카피라이터에게 요구되는 기본적인 아트 감각이라 할 수 있다. 사례와 내용을 잘 보고 실제에서 활용할 수 있도록 시각적인 훈련을 거듭해야 한다. 각각에 대한 설명은 아래와 같다.

1) 균형과 불균형
- 양쪽이 똑같은 시각적 무게 감각
- 화면에 움직임이 생기면 시선도 움직인다.
- 불안정 속에서 생겨나는 안정감은 다이내믹한 구도를 만든다.
- 균형을 의도적으로 무너뜨리면 특별한 작품처럼 보일 수 있다.
- 보편적이고 안정된 레이아웃을 벗어나려는 '새로운 배합'의 결과

〈표 4-1〉 레이아웃의 종류

종류	내용
균형	균형은 광고의 한쪽과 다른 쪽 사이의 평형 상태를 뜻한다. 균형 잡힌 이미지는 안정감을 주는 반면에 무미건조한 느낌을 줄 수 있다.
비율	사물 크기 간의 관계 또는 세로와 가로의 관계를 비율이라고 한다.
순서	소비자가 광고를 보거나 읽는 순서를 말한다.
일체감	광고물의 각 요소들이 전체적으로 조화를 이루고 있는가 하는 느낌을 말한다.
강조	광고물에 제시된 여러 요소 가운데 두드러진 한 요인을 강조 되었다고 한다.

자료: 이원구(2002).

2) 대칭

- 대칭적 패턴에 흥밋거리를 더하면 시선을 끄는 데 더욱 효과적
- 광고제작에서 아트워크의 힘

3) 리듬

- 리드미컬한 이미지를 시각적 통일 요소로
- 리듬은 생동감 있는 패턴을 만듦

4) 운동감과 방향

- 안정된 요소를 일부러 무너뜨려 생긴 운동감은 생명력을 가짐
- 운동감은 에너지의 발산이자 살아 있다는 증거

5) 콘트라스트(대조)

- 서로 다른 두 내용을 비교해 흥미를 유발
- 구체적 대상이 없는 콘트라스트는 메시지 전달력이 약함

- 순간의 시선을 사로잡는 데 컬러 테크닉만큼 쉬운 것도 없음
- 궁금증 유발은 눈길을 더욱 강하게 끄는 힘

6) 여백

- 하나를 얻기 위해 열 개를 버리는 특수한 표현 기법
- 전체 화면을 생동감 있게 표현
- 광고목표를 확실히 하고 아이디어 내용을 더욱 쉽게 함

7) 긴장감

- 긴장감을 이해하면 여백은 저절로 생김
- 구성의 집중력이 높아짐
- 줄이고 또 줄여서 그것마저 빼면 아무것도 없는 상태

8) 시선의 흐름

- 시선의 흐름을 어느 쪽으로 했느냐가 레이아웃 평가의 기준
- 카피는 일러스트레이션의 한 부분이 되도록
- 레이아웃이 갖춰야 할 조건
- 가독성은 명백히 읽히는가와 재미있고 쉽게 읽히는가로 구분
- 글줄은 앞줄 맞추기가 가독성이 높음

9) 카피의 시각화

- 모방에 그칠지 몰라도 규칙을 깨버리는 시도를 해야
- 카피가 일러스트레이션의 일부가 되면 수용자는 무의식적으로 메시지에
  접근
- 카피의 시각화로 카피를 읽도록 만들기
- 비주얼과 카피를 하나로 묶는 앞줄 맞추기

- 악센트가 없어도 메시지 전달에 문제는 없지만 포인트가 없으면 메시지 전달이 문제
- 복잡과 단순이라는 상대적 구도로 여백을 임팩트 있게
- 최초로 눈길을 끌고 아이디어의 핵심이 집약된 가장 주요한 장소가 포인트

물론 디자이너는 전문적인 일러스트레이터나 포토그래프, 또는 컴퓨터 그래픽 디자이너의 도움을 받게 된다. 새로운 아트워크의 기법이 등장하면 세분화된 작업은 전문가에게 맡겨진다. 모든 것을 디자이너가 맡지는 않는다. 썸네일과 러프과정을 거쳐 시안이 결정되면 원고를 만들게 되며 이 과정에서 인쇄광고를 담당하는 디자이너와 카피라이터의 협업에 의해 광고물이 탄생하게 되는데 "비주얼이 먼저냐? 카피가 먼저냐?"와 같이 서로 갈등관계보다는 "카피와 아트의 행복한 결혼"과 같이 시너지 효과를 거둘 수 있도록 협력하는 열린 마음이 필요하다. 중요한 것은 아이디어를 발전시키는 것이지 한쪽의 우열을 결정하는 것이 아니다.

TV-CM의 경우에도 인쇄광고와 원리는 동일하다. 단, 지면이라는 공간적 한계가 방송이라는 시간적 한계로 바뀐다는 것이 크게 다르다. PD는 썸네일과 스토리보드 단계를 거치면서 시안이 확정되면 외부 프로덕션과 함께 촬영과정을 논의하게 되고 PPM(Pre Production Meeting)을 거쳐 촬영과 현상, 편집, 녹음 등 포스트 작업, 그리고 최종적으로 광고주 시사와 광고심의를 거치게 된다. 방송광고의 경우는 자율심의기구의 심의를

받게 되는데 여기서 방송가, 조건부 방송가, 방송불가의 판정을
내린다. 방송가와 조건부를 충족한 조건부 방송가만 실제 방송
을 타게 되고 방송불가의 경우는 다시 처음부터 새로운 작업을
시작해야만 한다.

3 카피라이터

1) 카피라이터의 조건

흔히 카피라이터를 '언어의 마술사', '광고제작의 꽃'으로
부른다. 그러나 카피라이터라는 이름만큼 카피라이터가 하는
역할은 그다지 화려하지 않다. 카피라이터는 카피를 쓰는 사람
이라기보다 광고 콘셉트를 찾아낼 줄 아는 능력이 있는 사람이
어야 한다. 말을 잘하는 사람은 아나운서, 글을 잘 쓰는 사람은
소설가로 대성하면 된다. 말 잘하는 사람보다 글 잘 쓰는 사람
보다 콘셉트를 잘 찾는 사람(Conceptualist)이 바로 카피라이터
의 첫 번째 자격인 것이다. 카피라이터는 커뮤니케이션에 대한
이해와 마케팅에 대한 해박한 지식, 세상을 보는 눈과 사람들에
대한 따뜻한 가슴이 있는 사람이면 좋다. 게다가 팀원들과 화합

할 수 있는 파트너십까지 있다면 좋은 카피라이터의 가능성을 갖춘 셈이다. 우에조 노리오가 꼽은 카피라이터의 조건을 보면 이런 내용이 잘 나와 있다.

우에조 노리오의 카피라이터의 조건

1. 폭넓은 교양을 갖추어라.
2. 세상의 움직임에 민감하라.
3. 광고이론을 공부하라.
4. 광고계 동향을 파악하라.
5. 광고전략을 입안할 수 있어야 한다.
6. 아이디어 발상이 풍부해야 한다.
7. 날카로운 감각을 가지고 있어야 한다.
8. 카피를 써야 한다.
9. 아트를 보는 눈이 있어야 한다.
10. 비즈니스 감각이 있어야 한다.
11. 인간관계가 좋아야 한다.
12. 말솜씨가 좋아야 한다.
13. 인내력이 있어야 한다.
14. 인간성이 풍부해야 한다.
15. 건강해야 한다.

그렇다고 카피라이터가 완벽한 인간이 되어야 한다는 이 야기는 아니다. 카피라이터는 광고회사 내의 다른 직능 사이에 서 가장 고독한 일을 한다. 가장 먼저 컴퓨터를 켜고 가장 나중

에 컴퓨터를 꺼야 한다. 다른 직능보다 먼저 콘셉트를 생각하고 전략과 캠페인 전반에 대한 고민을 시작해야 한다.

GD와 PD 등의 아티스트와 기획을 담당한 AE 사이에서 전략과 크리에이티브를 연결해야 한다. 주된 역할은 단순하게 헤드라인과 바디카피, 슬로건을 쓰는 사람이 아니라 광고전략의 핵인 크리에이티브에 깊숙이 관여하고 캠페인 아이디어나 광고작품의 아이디어를 만들어내는 것, 그리고 다른 스텝들의 아이디어를 보다 완성도 높은 아이디어로 발전시켜 나가는 것도 카피라이터의 몫이다.

2) 카피라이터가 알아야 할 '광고 10계명'

우리나라를 대표하는 카피라이터 김태형은 저서 『카피라이터 가라사대』에서 광고인, 특히 카피라이터를 꿈꾸는 사람들에게 교훈이 될 만한 10계명을 제시하고 있다. 30여 년간의 카피라이터 생활에서 그가 얻은 황금률을 담고 있어 어느 광고인의 책상 유리판 밑에, 어느 광고학도의 수첩에 적혀 있어도 좋을 그런 지침이다.

김태형의 광고 10계명

1. 글을 쓰려고 하지 말라.

   그림을 그리려 하지 말라.

   물건을 팔려고 하라.

2. 화려한 수사로 갈채를 받는

   에스케네스(Aeschines)가 되지 말고

   힘 있는 설득으로 사람을 움직이는

   데모스테네스(Demosthenes)가 되라.

 기술을 감출 줄 아는 것이 광고대행사의 직업상의 의무입니다. 에스키네스가 연설을 하자 사람들은 "말을 정말 잘하는 군요"라고 말했습니다. 그러나 데모스테네스가 연설을 하자 사람들은 "필립 옹을 잡으러 가자"라고 말했습니다. 나는 데모스테네스 편입니다.

　－데이비드 오길비 『어느 광고인의 고백』 중에서

▲ 데모스테네스(고대 그리스 아테네 장군)

3. 광고 애독자(愛讀者)는 없음을 명심하라.

4. 탐욕을 버리라.

   여러 가지를 말함은 한 가지도

   말하지 않음과 같다.

   두 마리를 쫓다간 한 마리도 못 잡는다.

5. 따라가지 말라.

   남과 달라야 한다.

   자신의 어제와도 달라야 한다.

6. 탈옥하라.

   규칙의 감옥으로부터

   자기 스스로의 구속으로부터

7. 거짓말하지 말라.

　　광고인에게도 자식이 있다면

8. 마스터베이션 하지 말라.

9. 자기 일로 생각하지 말라.

　　광고대행은 남을 위한 대행이다.

　　그러므로 더욱 무서운 일이다.

10. 너무 잘난 체하지 말라.

－ 『카피라이터 가라사대』(김태형, 1995) 중에서

3) 오길비가 바라본 카피라이터

　그 자신도 카피라이터로 광고인으로 명성을 날린 데이비드 오길비는 그의 저서 『광고불변의 법칙』에서 카피라이터는 광고회사에서 눈에 띄지 않지만 가장 중요한 일을 하는 사람이라고 하면서 다음과 같이 특징을 설명했다. 본인이 카피라이터라면 이런 특징이 있는지, 카피라이터를 꿈꾼다면 이런 조건과 자기 자신을 비교해보는 것도 좋을 것이다.

1) 제품이나 사람, 광고에 광적인 호기심을 보인다.

2) 유머감각이 있다.

3) 힘든 일에 익숙하다.

4) 인쇄광고에는 재미있는 산문을, 텔레비전 광고에는 자

연스러운 대화를 만들어낸다.

5) 시각적으로 사고할 수 있다. 텔레비전 광고는 말보다 그림이 더 중요하다.

6) 과거 그 누구보다도 훌륭한 카피를 쓰겠다는 야심이 있다.

생각해볼 문제

Q1 카피에서 아트가 왜 중요한가?

Q2 본인이 생각하는 카피라이터의 조건은 무엇인가?

Q3 레이아웃의 종류에 대해 말해보시오.

Q4 우에조 노리오가 말하는 카피라이터의 조건에는 무엇이 있는가?

광고하기, 카피하기

식품위생법 시행규칙 개정령 문제 있다

보건복지부는 '식품위생법 시행규칙 개정령'을 공포했다. 음식점의 '식육 원산지 표시 의무화' 제도를 실시하고, 식품에 대한 표시 광고의 허용 범위를 합리적으로 개선하는 등 식품의 안전관리를 강화하기 위해 개정했다는 것이 보건복지부의 설명이다. 개정령의 취지는 허위·과대광고 대상 식품의 확대와 현실에 맞지 않는 금지표현을 개정한 것이라고 하지만 실상은 오히려 혼란을 가중시킬 가능성이 높아 보인다.

현재의 「방송관계법」에 따르면 '최고' 또는 '가장 좋은', 그리고 '특' 등의 표현은 광고, 특히 방송광고에서 사용할 수 없게 되어 있다(영어 표기인 'Best', 'Most', 'Special' 포함). 또 "객관적인 사실에 근거하지 아니하고" 광고할 경우 방송광고는 사전심의 원칙에 따라 방송할 수 없으며, 인쇄광고 등의 사후심의에서도 이에 대한 적절한 제재가 뒤따른다.

그러나 식품위생법 시행규칙 개정령은 이 같은 광고를 허용하고, 또 건강유지나 건강증진 등 신체 기능 증진에 유효하다는 광고를 할 수 있도록 하고 있다. 비빔밥이나 추어탕 등 식당에서 직접 만들어 파는 음식의 경우 어떤 광고를 해도 허위·과대광고 대상에서 제외시켜, 기존의 광고를 보아온 국민들의 기준을 헷갈리게 할 수 있는 것이다.

따라서 다음의 몇 가지 문제를 고려해, 개정령은 좀 더 다듬어져야 할 것이다. 첫째, 관련법과의 불일치 문제다. 사업자 등은 「표시·광고의 공정화에 관한 법률」 5조 '표시·광고 내용의 실증'에 따라 표시 광고에 대해 실증할 의무를 갖는데 이번 시행규칙은 이를 정면으로 부정하고 있어 논란이 예상된다. 둘째, 일부 업종에 대한 광고심의 완화로 초래될 형평성의 문제다. 국민 건강과 직결되는 「식품위생법」이 앞장서 허위표시 과장광고의 범위를 넓히거나 최상급 표현 등을 허용하는 것은 성급한 판단 이다. 셋째, 국민정서와 부조화의 문제다. 먹을거리와 관련된 뉴스가 심심치 않게 언론보도의 헤드라인을 장식하는 나라에서 최소한의 규제마저 없애는 것이 과연 온당한가 하는 문제다.

광고는 시장에 맡기는 것이 가장 좋다. 자율로 가고, 규제를 완화하는 쪽으로 움직여야 한다. 광고주의 입장에서도 자유로 운 상업언론(Freedom of commercial speech)의 권리가 있다. 그러 나 공공의 이익을 담보할 수 없다면, 최소한의 규제는 지켜져야 한다. 최근 연구에 의하면 광고를 규제하는 법안이 248개라고 한다. 그렇게 많은 법안이 모두 필요한지도 의문이지만 그렇다 고 자화자찬식 식품광고의 등장까지 허용할 필요는 없다. '식육 원산지 표시 의무화'를 빼고는 이번 개정안은 식품의 안전관리 강화에 미흡해 보인다.

― ≪조선일보≫, 2007년 1월 10일자.

도전 카피라이터

[이름을 부르면 반드시 보게 된다]

광고카피는 "얼마나 사람들의 주목을 끌 수 있느냐?"가 첫 번째 과제입니다. 그래야 인지와 이해를 통해 태도를 변화시킬 수 있습니다. 광고가 너무 많고 채널과 미디어도 넘치므로 카피는 당연히 소비자의 눈과 귀를 끌도록 노력해야 합니다. 그래서 중요한 것이 주목하게 하기(Attention Getting)입니다.

대교 솔루니 광고에서는 "초등논술로 고민하시는 부모님께"라고 이 광고의 타겟 오디언스가 누구인지 친절하게 가르쳐줍니다. 광고 중에 이런 사례는 매우 많습니다.

* 타겟 오디언스가 나타나 있는 헤드라인 찾아 옮겨 써보기

① ☞

② ☞

③ ☞

④ ☞

⑤ ☞

초등논술로 고민하시는
부모님께

초등논술 때문에 아빠는 화가 나고 엄마는 답답합니다. 글만 쓰라면 꿍꿍
얼어 버리는 아이들에게 이유와 생각을 쓰라는 문제들은 너무 어렵기 때문입니다

답을 아는데도 답을 못쓰는 아이들! 초등논술의 힘이 부족하기 때문입니다
2학기부터 실시될 서술형 평가는 문제를 이해하지 못해서 답을 쓸 수 없었다는 아이들이 대변이었습니다. 지식이나 계산력을 묻지 않는 이유와 원리를 설명하라는 문제 때문에 반응수가 달라지고 있는 거지요. 국어는 물론 수학과 영어, 사회와 과학을 다 잘하기 위해 초등논술의 힘이 중요해지고 있습니다. 생각하는 습관, 문장을 쓰는 습관에 책을 터어 주어야 합니다.

책은 많이 읽는데 쓰기를 겁내는 아이들! 초등논술로 글쓰기와 친해져야 합니다
책을 많이 읽었으니, 국어를 잘하는데 마음 놓았으다는 부모님들이 계십니다. 그런데 아니랍습니다. 잘 못 썼습니다. 논술을 생각을 쓰는 일이 아니라, 생각을 주고 받는 일! 말이 안다고 잘 쓸 수 있는 건 아니랍것, 논술을 위한 사고력과 논리력은 생각을 말하고 생각을 듣는 힘이 커질 때 자라나기 시작합니다. 토론식 초등논술을 시작해야 하는 이유입니다.

논술중에서도 가장 중요한 초등논술! 초등논술은 초등논술답게 배워야 합니다
시작이 다르면 결과가 뚜렷하게 달라진다는 건 논술도 마찬가지입니다. 그래서 논술 중에서 초등논술이 가장 중요한 거지요. 앞으로 튼튼해질 논리력과 사고력의 출발이 되는 거니까요. 봉어빵은 답을 쓰는 일을 논술이라고, 가르치는 건이닌지 잘 살펴보십시오. 생각은 자유로운 환경에서, 자연스럽게 표현할 수 있을 때 쑥쑥 커갑니다. 초등논술은 아이들이 즐거워야 합니다.

논술의 전성시대! 솔루니의 아이들이 유리해집니다

솔루니는 아이들 중심의 소수정예 토론식 수업입니다. 제대로 된 초등논술입니다. 아이들은 자신의 생각에 몰두하는 의견을 듣을 때, 자신감을 갖게 됩니다. 자신의 생각에 반대하는 의견들 들을 때 넓어집니다. 솔루니는 아이들 중심의 수업을 원칙으로 하고 있습니다.

솔루니는 국제독서학회 기준으로 도서를 엄선, '독서전중후학습'으로 책을 읽습니다. 책을 읽기 전에 상상하고 읽는 다음의 토론, 마지막 글쓰기를 통해 시각에의 정비를 이루어지는 '독서전중후학습' 전문가가 읽선한 책을 아이들이 관으로 만들어 주는 솔루니만의 방법입니다.

솔루니는 원문에 그대로 읽는 초등논술입니다. 어려울 글자도 쉽게 가까워집니다. 엄마를 주거는 이유로 책의 원문을 쎄지 못하도록 바꾸는 일을 하지 않습니다. 중,고등학교를 통해 어떤 글이라도 소화해시기 위해서 초급 어휘력 글도 자연스럽게 성숙해야 하기 때문입니다.

솔루니 무료 상담실 080-222-0909

※ 솔루니 초등논술 강연회 ● 주최: 초등논술 어딜지 지도 강 선생 기간·실시·과정 ● 대상 대상: 초등 학부모 ● 지역 및 개최일: 서울(11/7), 대구(11/14), 대전(11/22), 광주(12/2) ● 문의 및 사전등록: 강연회 온라인(www.soluny.com)

솔루니 포럼 디렉터 모집

대교의 선생님 중국어 본연교육프로그램 www.cshongedu.com

● 그림으로 성조를 배우는 기초HSK · HSK · HSK존비 고급단계까지! · 문제와 정답을 배울 수 있도록 구성 육·듣기가 가능 · 원어민 중국어교육전공 선생님의 100% 녹음화목형 수업

Soluny
독서포럼·논술포럼·영어포럼
www.soluny.com

대교가 교육에 지원하는 온라인 특별과정
· 초등습포험 독서독술 솔루니 온라인 과정
  www.reading.joins.com
· 디지털 조선일보 독서논술아카데미 솔루니칼럼
  www.reading.chosun.com

※ 고객상담실 1577-7202

| 학습목표 |

- 광고 크리에이티브 과정에 대해 이해할 수 있다.
- 크리에이티브 과정에서 카피라이팅의 중요성을 이해할 수 있다.
- 사례를 통해 광고 크리에이티브의 다양한 개념을 알 수 있다.

이 장에서는 카피라이팅과 직접 관련이 있는 크리에이티브 과정, 즉 광고 제작과정에 대해 알아보도록 하겠다. 크리에이티브 전 과정에 대한 이해 없이는 올바른 카피라이팅이 불가능할 뿐 아니라 전략적인 카피라이팅이 어렵기 때문에 과정을 잘 이해하는 것이 매우 중요하다. 이해를 돕기 위해 사례를 소개하고 이를 통해 실제를 간접경험해보도록 한다.

* 이 장은 『현대사회와 광고』, 10장 광고제작(차유철 저)을 재구성한 것임.

1 광고 크리에이티브란?

크리에이티브란 무엇일까? 일상생활에서도 '크리에이티브'라는 말을 많이 사용한다. 창의적, 창의성 등 다양하게 번역되는 크리에이티브는 광고 현업에서는 '광고제작'과 같은 말로 통한다. 즉, 광고를 제작하는 과정이나 광고를 만드는 사람들, 또는 광고의 표현 등의 의미를 갖는다. 그러나 회사에 따라서는 부서의 이름이나 광고 제작물로도 폭넓게 사용하고 있다. 그럼 광고 크리에이티브에 대해 더 구체적으로 알아보자.

2 광고 크리에이티브의 다양한 개념들

먼저 크리에이티브와 관련 있는 단어 하나를 보도록 하자. 크리에이터(Creator)라고 하면 조물주(造物主), 즉 세상을 만든 창조자를 말한다. 광고현장에서 광고를 만드는 일에 참여하는 카피라이터, 디자이너, CM 플래너, 크리에이티브 디렉터(CD)

등을 크리에이터라 부르는데, 이때는 대문자가 아닌 소문자 'creator'를 사용해 표기한다. 따라서 광고를 만드는 사람들은 "유(有)에서 유(有)를 창조"하는 작은 조물주라 할 수 있다. 흔히 무에서 유를 창조하는 것으로 생각하기 쉽지만, 크리에이티브는 세상에 이미 있는 것들을 새로운 창조물로 다시 만들어내는 작업이다.

정리하면 광고에서 광고 크리에이티브란 일반적으로 광고제작과 같은 말로 쓰이지만 이 밖에도 다양한 의미로 해석된다.

광고 크리에이티브란?

1. 광고제작 또는 과정 ex) 크리에이티브 프로세스
2. 광고를 만드는 사람들 또는 부서의 이름 ex) 크리에이티브 1팀
3. 창의적인 표현, 광고제작물 ex) 크리에이티브가 좋다

<광고 크리에이티브>를 광고제작과 관련한 내용으로 좁혀서 보자. 즉, 광고를 만드는 과정이 광고 크리에이티브이며 광고제작이다. 광고 크리에이티브를 광고제작과 관련한 내용으로 한정하더라도 역시 쉽게 정의하기 어렵다. 학자들도 다양하게 정의하고 있다. 차유철 교수(우석대)는 광고의 크리에이티브 과정을 크게 세 가지로 구분했다.

(1) 광의(넓은 의미)의 광고 크리에이티브

광고물이 만들어지는 전체 과정을 말한다. 광고의 목표를
정하고 누구에게 말할 것인가와 무엇을 말할 것인가를 결정한
다. 그다음 회의와 발상을 거쳐 아이디어를 구체화하고, 시안과
컨펌(confirm) 과정을 거쳐 광고물을 만들어내는 일련의 행위를
포함한다. 광고회사의 업무 대부분이 광고 크리에이티브라 보
면 된다. 무엇을 말할 것인가와 어떻게 말할 것인가를 결정해야
하므로 광고 크리에이티브를 넓은 의미로 보는 것이 옳다는
주장이 있다.

(2) 중범위(중간 의미)의 광고 크리에이티브

광고 콘셉트가 결정된 이후에 광고 전략과 전술을 세우고,
아이디어 작업과 완성까지를 포함하는 광고회사 크리에이티브
부서의 통상적 업무를 말한다. 광고회사의 업무를 크게 기획과
제작으로 구분할 때 제작에 해당하는 의미라 할 수 있으며 일반
적인 광고 크리에이티브의 뜻이다.

(3) 협의(좁은 의미)의 크리에이티브

광고를 직접 만드는 과정을 말한다. 실제 매체에 집행될
수 있도록 기술적으로 광고물을 만드는 촬영, 편집, 녹음, 제판,
교정, 인쇄, 시사, 심의 등의 과정을 말한다. 신문과 TV 등 실제
집행될 광고물의 프로덕션 과정이라 할 수 있다.

요약하면 넓은 의미의 광고 크리에이티브는 기획에서 크리에이티브까지의 과정을 통합한 광의라 할 수 있고, 중간 의미의 광고 크리에이티브는 프로덕션 과정을 포함한 크리에이티브 과정이다. 마지막으로 좁은 의미의 광고 크리에이티브는 일반적인 프로덕션 과정이라고 할 수 있다. 그러나 이런 구분은 광고 크리에이티브의 이해를 도울 뿐 명확하게 나누기 어렵다는 문제가 있다.

3 광고 크리에이티브의 플로우

지금까지 광고 크리에이티브를 광의, 중범위, 협의로 나눠 보았다. 이를 다시 과정별로 살펴보면 순서와 주도하는 사람에 따라 크리에이티브 전략(Creative Strategy), 크리에이티브 발상(Creative Thinking), 크리에이티브 표현(Creative Expression), 크리에이티브 작업(Creative Operation)의 4단계로 구분할 수 있다([그림 5-1] 참조).

[그림 5-1] 광고 크리에이티브 플로우

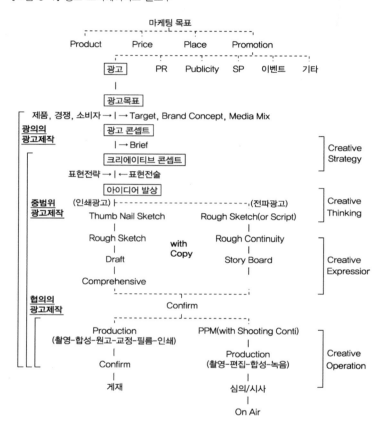

자료: 차유철(2008: 308).

(1) 크리에이티브 전략

광고의 크리에이티브 전략은 광고전략과 같은 의미로 본다. 즉, 누구에게, 무엇을, 어떤 방법으로 전달할지 결정하는 것이다. 광고 콘셉트를 소비자에게 쉽고 강력하게 전달하기 위해 크리에이티브 콘셉트로 발전시키고 그것을 표현하는 작업을 포함한다. 이 과정의 앞부분은 AE(광고기획자)가 주도하지만 전체적으로는 크리에이티브 책임자인 크리에이티브 디렉터(CD)가 주도하게 된다. 이때 크리에이티브 브리프(creative brief, 6장에서 학습)를 중심으로 커뮤니케이션하게 된다.

(2) 크리에이티브 발상

크리에이티브 전략에서 제시된 가이드라인에 의해 광고목표에 알맞은 아이디어를 내고 리뷰를 통해 그것을 결정하게 된다. 아이디어는 직종에 관계없이 발상하는 것이므로 카피라이터나 디자이너, CM플래너 간의 차이가 없기 때문에 자유롭다. 다만 추후 표현과 작업과정에서 역할 구분이 있을 뿐이다. 이때 크리에이티브 팀은 썸네일 스케치와 러프 스토리보드로 회의를 거듭해 아이디어를 결정하게 된다.

(3) 크리에이티브 표현

앞의 크리에이티브 발상을 통해 제시된 아이디어들이 실제로 활용될 수 있도록 카피와 비주얼, 스토리 등의 형태로 변화시키는 과정이다. 여기서 구체적인 카피와 비주얼, 스토리로 표현되면 직종에 따라 카피는 카피라이팅을, 디자이너는 비주얼 작업을, CM플래너는 스토리를 만들어 인쇄광고는 시안, TV 광고는 스토리 보드, 라디오 광고는 스크립트(카피) 형태로 결과물을 완성하게 된다. 이 모두를 '시안(試案)'이라 부르기도 한다.

(4) 크리에이티브 작업

실제 매체에 집행될 수 있는 형태로 만드는 과정이다. 신문이나 잡지에 게재될 수 있는 필름 제작을 위해 촬영, 원고작업 등 교정을 거친다. TV의 경우 프로덕션과 PPM(제작 전 회의, pre production meeting), 촬영, 현상, NTC, 편집, 녹음, 심의 등을 거쳐 소재로 완성한다. 이때 방송광고(TV, 라디오)의 경우에는 사전 심의에서 방송가(放送可) 판정을 받아야 방송이 가능하며, 인쇄광고는 사후 심의를 받으므로 이 과정에서는 생략한다.

4 광고 크리에이티브 사례

앞의 플로우차트에 나타난 바와 같이 TV-CM의 제작과정은 대개 TV-CM 프로덕션을 선정한 후부터 시작된다. 그러나 하나의 TV-CM이 만들어지는 전 과정을 살펴본다면 TV-CM의 제작과정은 자연히 그 속에서 이해될 것이다.

사례: 온세통신 국제전화 008

① 광고 콘셉트
- 국제전화 008의 콘셉트 '가장 경제적인 국제전화'
- 시장점유율을 늘리는 것이 급선무라는데, 문제점 중 하나는 광고에 메시지는 있으나 이미지가 없는 것이라고 판단
- 008에 호감을 가질 수 있는 이미지로 포장하는 것

② 크리에이티브 콘셉트
- 크리에이티브 팀에서는 '가장 경제적인 국제전화'를 표현하는
- '현명한 사람은 국제전화를 걸 때 008을 사용한다'는 콘셉트를 유머러스하게 전개한다는 것이었다.

③ 아이디에이션
- '008을 사용하는 사람은 현명하다'는 크리에이티브 콘셉트에 대한 본격적인 아이디어 회의
- 캠페인으로 집행이 가능하도록 몇 편의 드라마로 구성할 수 있거나, 시리즈로 전개할 수 있는 아이디어를 제시하라는 가이드라인을 설정
- 몇 번의 아이디어 회의에서 수십 개의 아이디어들이 간단한 스크립트, 한 컷의 러프한 비주얼에 약간의 설명, 서너 컷의 개략적인 스토리 등

④ 아이디어의 선정
- 카피라이터가 쓴 스크립트를 CD가 보고 잠정적으로 결정
- 전화기 숫자 중 너무 많이 누른 숫자는 닳아서 보이지 않는다는 가정
- 몇 편의 짧은 에피소드로 나누어 드라마타이즈하고, 범인의 캐릭터를 지능범(보통 사람으로 치면 현명한 사람)으로 설정

⑤ 아이디어의 발전
- 1편에서는 형사의 캐릭터를 형사 가제트처럼 좀 멍해 보이지만 어찌 됐든 사건을 해결해내는 인물로 설정

- 2편에서는 출국자 중 수첩에 008이 많이 기록된 사람들을 용의자로
색출하는데 그 숫자가 상당히 많은 것으로 설정
- 3편에서는 용의자들을 대상으로 고민하던 형사가 책상에 엎드려 자다
가 이마에 자국이 생긴 것에서 힌트, 범인으로 검거

6 스토리 보드 제작

이상의 스토리를 크리에이티브 팀의 아트 디렉터와 CM플래너가 러프
한 상태의 컷들(러프 콘티)로 구성했다. 물론 카피라이터는 스토리에
따라 등장인물의 대사, 필요한 자막, 상황을 잘 표현할 효과음 등 적절한
카피를 만들었다. 러프 콘티와 카피를 다시 맞춰보면서 어색한 부분과
추가할 아이디어들을 논의해 다시 다듬었다.

7 프레젠테이션

- 광고 팀의 주관 아래 광고주 측에서는 관련 임원들, 광고팀, 관련
부서, 그리고 관심 있는 직원들이 참여
- 스토리 보드의 내용을 실감나게 전달, 프레젠테이션을 마친 후 광고주
측에서는 아이디어의 좋고 나쁨, 우려되는 부분과 보완할 것 등에
대한 의견을 냈고, 최종적인 의사결정권을 가진 사장의 승인.

8 실무를 위한 협의

- 프레젠테이션과 관련해 광고주 측의 여러 의견을 조율하고, 지켜야
할 가이드라인들도 대행사에 제시

9 제작 사전준비(프로덕션 선정~PPM)

- PPM(Pre Production Meeting, 제작 전 미팅)에서 하나하나 구체
적으로 검토. 프로덕션과 대행사의 1차 PPM을 거쳐 곧바로 실제
제작에 들어갈 수 있을 정도로 준비를 한 후 광고주와 함께 최종 PPM

– PPM에서는 스토리 보드를 어떻게 촬영할지 구체적으로 표현한 촬영 콘티를 확정하고, 제작일정, 촬영장소, CG실, 편집실, 녹음실, 제작에 참여하는 모든 스태프, 메인 모델 외의 모델 숫자와 프로필, 모델들의 의상, 소품, 동원해야 할 장비 등을 협의

⑩ 촬영

– 촬영지는 인천 연안부두 근처의 폐공장

⑪ 현상, NTC와 편집

– 35mm 필름으로 촬영된 것을 먼저 현상한 후, 편집하기 쉬운 비디오 테이프로 전환하기 위해 NTC(Nega Telecine)작업 가편집 후에 본편집. 본편집은 특수효과나 CG 등을 삽입해 실제 방영될 상태로 만드는 것

⑫ 녹음

– 편집된 화면을 보면서 녹음을 하고, 효과음을 삽입한 후 BGM과 믹싱을 하는 과정을 거침. 콘셉트를 요약한 엔딩 멘트는 몇 가지 대안을 녹음실에서 추가로 녹음했지만, 원안이 가장 분명하다는 판단에 따라 '008을 썼다면 똑똑한데'를 최종적으로 확정

⑬ 시사 및 심의

– 방송광고심의에 접수시킴. 심의에서 기각되면 수정하거나 재제작을 해야 하는 만큼, 심의는 단순한 통과의례가 아니라 광고인들에게는 매우 신경이 쓰이는 일
– 광고주 시사는 프레젠테이션 때와 같은 참석자들을 대상으로 진행

⑭ 방영

– 완성된 TV-CM은 소재를 복사해 방송사에 전달하면 방송사에서 미리 계약된 프로그램이나 시간대에 방영

(AE: 장정모, 신지나, 크리에이티브: CD 차유철, AD 김형준, CW
이기태, CMP 신진규, 감독: 신중현, 모델: 이병헌)

---

http://www.onse.net/CyberAd/Tv.asp

〈008 TV-CM 1, 2, 3차 안 스크립트〉

1편 - 그 누구도 숨길 수 없다

#1) 경찰차의 비상음과 함께 현장에 도착한 형사

#2) 다들 현장단서를 찾지 못한 가운데 …… 전화벨소리에 전화기에 시선이
간다.

형사가 전화 버튼 중 0과 8이 지워져있음을 발견한다.

#3) 전화기록이 프린트되면서 미국, 프랑스, 독일 등
세계각국에 008로 전화 건 기록이 나타난다.

자막) 모든 국제전화는 008로 통한다

기간통신사업자 중 국내 최저요금

NA) 국제전화 008

#4) 형사가 프린트된 008 전화기록을 보며

형사) 008을 썼다면,

보통 똑똑한게 아닌데!

2편 - 그 누구도 숨길 수 없다

#1) 공항에서 범인을 잡기 위해 검문검색을 하는 형사
신분증과 함께 전화번호가 적힌 수첩을 유심히
조사하는 모습

#2) 10여 명의 용의자들이 보이며

카메라가 줌인 되어

008이 연달아 적힌 수첩들이 보여진다.

자막) 모든 국제전화는 008로 통한다

기간통신사업자 중 국내 최저요금

NA) 국제전화 008

용의자를 바라보며 고민하는 형사

형사) 누굴까, 진짜 범인은?

3편 – 그 누구도 숨길 수 없다

#1) 0과 8이 지워진 전화기와 008이 연달아 적인 수첩을

바라보며 누가 범인일까 고민을 하는 형사⋯⋯

#2) 뭔가 생각난 듯 이마를 탁치며

10여 명 용의자의 손가락을 펼쳐 보이게 한다.

#3) 손가락이 줌인 되어 보이며

이 중 한명의 손가락에 0과 8이 배겨 있다.

자막) 모든 국제전화는 008로 통한다

기간통신사업자중 국내 최저요금

NA) 국제전화 008

#4) 진짜 범인을 쳐다보며⋯⋯

형사) 넌 잡혀도 싸다 ∼

#5) 기분 좋게 사건종결 싸인을 하고 동료형사에게 펜을 건네다가

동료형사의 손가락에서 0과 8이 배겨 있는 것을 보며

놀라는 형사

"앗"

〈008 TV-CM 촬영 콘티〉

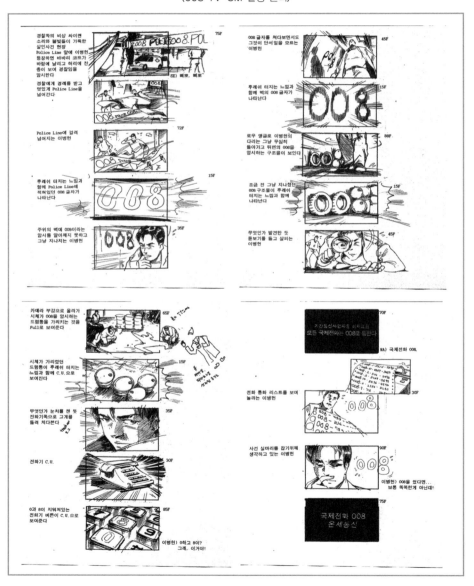

생각해볼 문제

Q1 광고 크리에이티브 과정에 대해 설명해보시오.

Q2 크리에이티브 전략과 발상, 표현과 작업은 무엇인가?

Q3 광고 크리에이티브의 핵심은 카피라이팅에 있다는 말을 설명
해보시오.

Q4 광의의 광고 크리에이티브는 무엇을 말합니까?

광고읽기, 카피읽기

스폰서 & 매복

한일 월드컵을 통해 가장 많이 활용된 마케팅 방법이 바로 공식 매복 마케팅(Ambush Marketing)이었다. 공식 스폰서 비용을 지불하지 않은 경쟁사가 일반인들에게 공식 스폰서처럼 인식되어 스폰서에게 타격을 입히는 전략으로, 이미 올림픽 스폰서로 비자카드와 마스터카드 등 많은 사례가 소개되고 있다. 쫓고 쫓기는 스폰서와 매복자 사이의 아슬아슬한 마케팅 경쟁이 펼쳐지는 것은 이미 상식이다. SK텔레콤은 붉은 악마에 3억 원을 후원하고 "대~한민국" 응원박수와 길거리 응원 등 캠페인을 전개한 덕에 경쟁사 KTF의 공식 스폰서 이미지를 앞설 수 있었다. 2006년에는 KTF가 붉은악마를 후원해 입장이 바뀌었는데, 어떤 캠페인이 그라운드 밖에서 펼쳐질지 또 하나의 장외 월드컵에 관심이 집중되기도 했다.

월드컵은 사천만이 하나 되는, 그리고 함께 대한민국을 이야기할 수 있는 이벤트였다. 잃었던 우리의 신바람 문화, 마당 문화, 그리고 붉은 열정을 다시 살린 좋은 기회였다. 그리고 보면 크리에이티브라는 것도, 신바람 나는 사람들이 열린 마당에서 열정을 가질 때 만들어질 수 있다는 점에서 월드컵과 닮았다. 우리에게 6월은 오고, 또 그렇게 지나갔다. 목표는 16강이 아니었다. 매 경기마다 축제로 생각하고 즐길 수 있었다. 승패보다, FIFA 랭킹보다 우리 선수들을 믿었기 때문이다.

〈광고 예〉SK텔레콤 대한민국을 이야기합시다

〈광고 예〉KTF 월드컵 스폰서십 광고

[이야기꾼이 되어라!]

카피라이터로 명예의 전당에 이름이 올라 있는 존 케이플즈는 미국음악학교의 우편광고(Direct Mail)에서 긴 헤드라인으로 효과적인 스토리를 어필했습니다. 우리말로 옮겨보면 "내가 피아노 앞에 앉았을 때 그들은 비웃었다. 그러나 내가 피아노를 연주하자……"입니다. 생략된 문장은 자연스럽게 바디카피로 이어지고 있는데 남몰래 통신교육으로 피아노 연주법을 공부해 사람들을 깜짝 놀라게 했다는 내용입니다.

요즘 스토리텔링이 인문학에서 주요 화두가 되고 있다고 합니다. 카피라이터 역시 이야기꾼이어야 합니다. 물론 그 이전에 콘셉트를 잘 잡아내는 콘셉추얼리스트(Conceptualist)가 되어야 합니다. 롯데캐논 레이저샷 광고의 경우 어떤 콘셉트와 이야기가 숨어 있을까요? 한번 정리해보세요.

〈광고 예〉 피아노 통신광고

〈광고 예〉 롯데캐논 레이저샷 스파이더맨 편

* 콘셉트
  ☞

* 숨어 있는 이야기
  ☞

|학습목표|

■ 브리프 모델에 대해서 이해할 수 있다.
■ 브리프 모델을 활용해 카피라이팅에 적용할 수 있다.
■ 다양한 광고전략 모델에 대해 이해하고 이것을 카피작성에 활용할 수 있다.

이 장에서는 광고전략과 관련해 카피라이팅 과정에서 많이 사용되는 '브리프 모델'에 대해 알아본다. 브리프 모델은 몇몇 외국 광고회사에서 시작된 업무의 양식에서 출발하는데 각각의 장점을 살려 합리적인 광고 업무를 가능하게 하는 우수한 광고전략이면서 실무 활용도가 높은 접근방법이라 할 수 있다. 카피라이팅을 위한 브리프에 대해 함께 공부해보자.

1 주요 광고전략

　　우리보다 광고의 역사가 긴 서구의 광고회사들은 오랜 시
행착오 끝에 각 회사별로 독특한 광고전략을 개발해 실무에
활용하고 있다. 어떤 경우에는 업무의 흐름을 원활하게 하기
위한 서식으로 출발한 경우도 있고, 과학적이며 전략적인 접근
의 경우도 있다.

　　<표 6-1>에 나타난 것처럼 세계적인 광고회사의 광고전략
을 살펴보면 여섯 가지로 크게 나뉘는데, 사치 앤 사치(Saachi
& Saachi)의 The Brief, J. 월터 톰슨(J. Walter Thompson)의 T
Plan, 디디비 니드햄(DDB Needham)의 R.O.I Springboard, 풋콘
앤 벨딩(Foote, Cone & Belding: FCB)의 Grid Model, SSC & B
Lintas의 Link Plan, 오길비 앤 매더(Ogilby & Mather)의 Six Key
Step이 그것이다. 각 회사는 많은 시간과 노력을 기울여 더 나
은 광고를 만들기 위한 그들만의 전략을 개발했다. 이 때문에
독특한 광고전략을 가진 회사가 경쟁력 있는 것으로 알려졌다.
그러나 오늘날에는 이러한 광고전략이나 철학이 평준화되었
고, 그중 대표적인 브리프 모델만이 많은 회사에서 활용되고
있다. 각 회사의 경영철학이나 광고에 대한 가치관, 전략을 부
르는 이름도 서로 다르지만 궁극적으로는 사치 앤 사치의 브리

〈표 6-1〉 세계적 광고회사의 광고전략

J. Walter Thompson의 T Plan
DDB Needham의 R.O.I Springboard
Foote, Cone & Belding의 Grid Model
SSC & B Lintas의 Link Plan
Ogilby & Mather의 Six Key Step
Saachi & Saachi의 The Brief

프 모델과 일맥상통하는 내용들을 볼 수 있다.

(1) T Plan

J. 월터 톰슨(J. Walter Thompson)의 T Plan은 광고전략 기획과정의 여러 필수 항목 중에서 광고 목표, 메시지 전략, 매체전략, 목표 소비자 등 광고의 목표공중에 대한 분석에 관심을 갖는다. T Plan의 T는 타겟(Target)을 의미하며, 다른 모델들이 광고주가 소비자에게 전달하고자 하는 핵심 메시지를 토대로 광고를 만드는 것을 가정하는 데 비해 T Plan은 광고를 소비자에게서 특정 반응을 얻어내기 위한 것으로 파악한다. T Plan의 핵심은 누구를 소구 대상으로 선택할 것이며 그 사람이 광고 브랜드를 구매하도록 그 사람의 마음에 무엇을 담아야 하는가를 찾아내는 것을 골자로 한다(김정현, 2000).

(2) R.O.I

디디비 니드햄(DDB Needham)의 R.O.I Springboard는 광고 전략에서 적절성(Relevance), 독창성(Originality), 영향력(Impact)

을 강조한다. 이 세 가지 요소를 갖춘 광고여야 광고주에게
광고비용 투자에 대한 확실한 수익(Return On Investment)을 가
져다주기 때문이다. 적절성이란 메시지 뒷받침이 제품 특성과
콘셉트, 소비자의 특성에 적절하게 맞아야 하며 광고 집행이
의도하는 소비자 반응을 적절하게 고려해야 한다는 것이다.
독창성이란 소비자 욕구에 초점을 맞추면서도 경쟁자가 쉽게
모방할 수 없는 제안과 뒷받침을 말한다. 영향력이란 특히 매체
집행이 목표 소비자의 빈틈을 노릴 수 있을 정도로 강렬해야
한다는 것이다.

(3) Grid Model

FCB의 Grid Model은 제품에 대한 소비자의 관여 정도에
따라 소비자의 정보 요구량, 정보처리 유형 등을 포함한 의사결
정과정이 다양해진다고 본다. Grid는 관여뿐 아니라 제품이 이
성적 또는 감성적 제품으로 분류되는가에 따라 나누어 설명하
고 있다. 정리하여 Grid Model을 작성해보면 고관여/저관여,
이성/감성을 축으로 하는 네 개의 창으로 이루어진 전략적 사고
틀로서 궁극적으로 각각의 창에 적합한 광고 표현 전략을 수립
하고자 구성되었다. 이렇게 만들어진 네 개 분면에 따라 적합한
광고전략을 수립해 적용하면 효과적인 광고를 만들 수 있다는
것이 Grid 모델의 핵심이다.

이상 3개 회사의 전략과 모델을 살펴보았다. 그러면 이제

〈표 6-2〉 Grid Model

	이성	감성
관여도 고	고관여/이성	고관여/감성
관여도 저	저관여/이성	저관여/감성

가장 대표적이고 일반적으로 많은 회사에서 활용하고 있는 브리프 모델을 살펴보도록 하자.

2 브리프 모델

사치 앤 사치의 브리프 모델에서 브리프의 특징은 말 그대로 '요약', '압축'이다. 즉, 단순화다. 메시지는 복잡한 것보다도 단순한 것에 접했을 때 훨씬 기억에 남고 태도와 이미지에 연결시키기 좋게 되어 있다. 이 모델은 로저 리브스의 USP (Unique Selling Proposition, 독특한 판매제안)와 유사한 SMP (Single Minded Proposition) 이론을 강조하고 있다. 브리프는 복잡해서는 안 된다는 것이다. 그러면서 하나의 자극만을 일관성 있게 지속적·반복적으로 제시할 것을 주장한다.

이 모델은 광고전략 모델들 가운데 가장 간단명료하며 압

축된 내용을 담고 있는 광고전략 기획서 위주의 모델이다. 브리프란 광고전략 기획서 요약을 말하는데 원래 광고대행사의 AE가 광고주에게 광고전략 기획을 브리핑하기 위해 작성된 원고라는 의미를 갖는다.

브리프 모델은 실질적인 광고물 제작 이전에 직원들을 기획서 양식에 따라 훈련·조직시키며 제작 시 필요한 필수 항목들을 관련 부서 상호 간에 합의하고 나아가 광고주와의 합의를 도출하는 데 있다. 다시 말해 내부 문서로 콘셉트를 공유하고 표준화된 커뮤니케이션의 수단으로 활용하며, 최종적으로 광고물을 평가하는 체크리스트의 역할을 한다.

3 크리에이티브 브리프

먼저 브리프 모델은 업무 흐름상 브랜드 브리프가 가장 거시적인 내용과 선행되는 브랜드의 이해를 돕는다. 그다음 광고기획과 제작 단계에 필수적이며 가장 중요한 크리에이티브 브리프 단계가 있다. 끝으로 이렇게 만들어진 광고를 적절한 시간과 장소에 집행하기 위한 미디어 브리프가 있다. [그림 6-1], [그림 6-2]는 그중 크리에이티브 브리프에 관한 것이다.

[그림 6-1] 크리에이티브 브리프(영문)

CREATIVE BRIEF

CLIENT	BRAND	SWO NO.
		DATE

CAMPAIGN REQUIREMENT
Campaign, on off ad., no. of ads.

THE TARGET AUDIENCE
Demo graphics. lifestyle, product usage/attitudes

WHAT IS THIS ADVERTISING INTENDED TO ACHIEVE?

THE SINGLE MINDED PROPOSITION

SUBSTANTLATION FOR THE PROPOSITION

MANDATORY INCLUSIONS
Stockist, logos, phone numbers etc.

DESIRED BRAND IMAGE
Friend, sophisticated, contemporary etc.

TIMING OF CREATIVE WORK 　To Account Group 　To Client	GROUP ACCOUNT DIRECTOR SIGNATURE

(Saatchi & Saatchi Creative Brief)

[그림 6-2] 크리에이티브 브리프(국문)

작성자 Planning ________
Creative ________
Account ________
Media ________

크리에이티브 브리프

Date: ________ Client: ________ Brand: ________

1. 우리는 왜 커뮤니케이션을 해야 하는가? (광고배경)
2. 커뮤니케이션으로 얻게되는 것의 기대치는 무엇인가? (광고목표)
3. 누구의 행동에 영향을 주고자 하는가? (목표공중)
4. 타겟이 우리 브랜드에 대해 분명하게 인식해야 하는 '단 하나'는 무엇인가? (컨셉트_SMP)
5. 어떻게 그것이 먹혀들어갈 수 있나? (소구근거)
6. 우리가 만약 시장점유율을 올린다면 누가 그것을 잃는가? (경쟁자)
7. 우리 브랜드 메시지의 색깔은? 계속 유지해야 할 브랜드 자산은? (tone/manner_광고분위기)
8. 그 외에 참고해야 할 중요한 사항이 있는가? (기타 요구사항)
9. 힌트 한 마디 (Tip)

현업에서 사용하는 브리프는 회사마다 조금씩 다르긴 하지만 [그림 6-2]와 같이 보통의 내용들을 포함하고 있다. 크리에이티브 브리프는 광고기획을 담당한 AE가 작성하기도 하고 크리에이티브 팀과 회의과정을 거쳐 수정되기도 한다. 회사에 따라서는 크리에이티브 책임자의 리뷰를 거쳐 완성되기도 한다. 크리에이티브 브리프에 포함되는 내용은 날짜와 광고주, 브랜드가 있다. 또한 관련 부서와 스텝을 명기할 수도 있다. 무엇보다 중요한 것은 1번부터 9번까지의 내용인데, 구체적으로 살펴보면 다음과 같다.

① **광고배경**: 먼저 광고를 하게 된 이유가 무엇이고 무엇이 위험요소인지 밝혀야 한다. 또한 광고를 하게 된 배경을 명시해 광고를 해야 하는 이유를 설명한다. 방대한 양의 정보에서 핵심이 되는 이야기만 요약할 수 있어야 한다.

② **광고목표**: 통상 광고목표를 마케팅 목표와 혼동하는 경우가 있는데, 광고목표는 측정 가능한 커뮤니케이션 목표로 잡는 것이 옳다. 즉, 인지도나 선호도, 태도와 관련된 내용이면 된다. 커뮤니케이션의 문제점과 기회를 활용할 광고의 역할을 밝혀야 한다.

③ **목표공중**: 타겟과 브랜드와의 관계를 고려한다. 현재 그가 어떻게 행동하고 생각하며 느끼는지를 기술해 머릿속에 특정한 한 사람이 떠오를 수 있어야 한다. 통상 인구통계학적인 방법보다는 라이프스타일이나 광고심리학적으로 세분화된 목표공중이 효과적이다.

④ **콘셉트**: 경쟁 브랜드 대신 우리 브랜드에 대해 확신을 갖고 택하도록 하는 '단 하나(SMP)'를 기술한다. 직접적인 대소비자 제안도 여기 포함된다. 실제적으로 크리에이티브 브리프에서 가장 핵심이 되는 부분이라 할 수 있다.

⑤ **소구근거**: '무엇이 그들로 하여금 그것을 믿고 확신할 수 있게 하는가'에 대한 구체적인 사실을 밝혀야 한다. 제작 팀이 수용해서 크리에이티브화할 수 있도록 간단히 표현 해야 한다. 카피의 신뢰성을 위해서도 반드시 필요한 내 용이다.

⑥ **경쟁자**: 광고를 통해 목표를 달성하게 되면 가장 큰 타격 을 입게 되는 상대를 말한다. 일반적으로는 같은 시장 안 에 존재하기 때문에 시장점유율 경쟁상대로 인식되지만 때에 따라서는 전혀 다른 곳에 존재하기도 한다.

⑦ **톤 앤 매너**: 타겟이 우리 브랜드와 가장 잘 연상할 수 있는 영상과 느낌, 소리 등 이전에 있었다면 그것을 활용할 것 인가, 새롭게 만들 것인가를 고려해야 한다. 같은 기업, 같은 캠페인을 위해서는 톤 앤 매너를 일치시키는 것이 좋다.

⑧ **기타 요구사항**: 제작팀이 꼭 참고해야 할 다른 정보, 또는 광고주나 기획팀의 요구사항이 있다면 참고사항에 밝혀 야 한다.

⑨ **Tip**: 제작에 도움이 될 힌트나 아이디어를 적는다.

4 크리에이티브 브리프의 장점

  브리프를 작성해 회의 등 업무에 활용하면 여러 장점을 얻게 된다. 대표적인 이점 일곱 가지를 살펴보면 다음과 같다.

① 광고기획 방향(광고목표, 목표 소비자 등)을 광고주와 광고대행사 간에 명확하게 합의함으로써 통일된 광고전략을 수립할 수 있다.

② 광고제작에 소요되는 시간을 단축함으로써 제작 담당자가 충분한 시간을 두고 아이디어를 낼 수 있어 질 좋은 광고가 나올 수 있다.

③ 필요 없는 제작을 하지 않으므로 제작비를 절감한다.

④ 광고 매체 및 크리에이티브의 정확한 지침이 있어 심도 있게 연구할 수 있다.

⑤ 광고 대행사 내 광고기획자의 신뢰성을 인정받아 광고제작 관리가 용이하다.

⑥ 불필요한 광고주의 간섭에서 해방될 수 있다.

⑦ 최종 광고 결재 시 브리프를 기준으로 광고물을 평가할 수 있어 의견의 합의가 빠르며 본래의 기획방향과 동일하게 광고 집행을 할 수 있다.

그러나 무엇보다도 카피라이터를 비롯한 제작팀에게는 브리프가 광고 전반에 대한 이해와 크리에이티브 작업을 위한 나침반 역할을 하게 된다는 점이 중요하다. 이것은 커뮤니케이션의 낭비를 막고 잘잘못에 대한 기준이 되며 상호 신뢰를 통한 업무진행의 기초가 된다. 특히 카피라이터는 크리에이티브 브리프를 작성할 수 있어야 하며, 이를 바탕으로 크리에이티브 전략을 구성, 카피 작성까지의 전 과정에 활용할 수 있어야 한다.

현업의 광고인 만큼 숙련된 크리에이티브 브리프를 짧은 시간 안에 작성하기는 쉽지 않을 것이다. 그러나 기존의 광고물 하나를 정하고 위의 크리에이티브 브리프 양식을 이용해 빈칸을 채워나가면서 광고물을 분석하는 연습을 할 수 있다. 이렇게 할 때 궁극적으로 실제와 같이 크리에이티브 브리프를 보고 광고물을 만들 수 있는 역량이 생겨나는 것이다. 일정한 수준에 이르기 전까지 매일 신문광고 하나를 정해서 브리프를 완성하는 것은 카피라이팅을 위한 좋은 훈련과정이 될 것이다.

생각해볼 문제

Q1 광고전략이란 무엇인가?

Q2 브리프 모델은 무엇을 말하는가?

Q3 브리프 모델에서 사용되는 세 가지 브리프를 말해보시오.

Q4 크리에이티브 브리프의 필수요소에는 어떤 것이 있는가?

광고활용교육(Advertising In Education)을 통한 광고인식 개선

전 지구화(globalization)와 디지털화(globalization)로 세상은 빠르게 변하고 있다. 이러한 변화는 광고와 소비자의 사이를 더욱 멀게 할 가능성이 있다. 다매체·다채널 시대를 맞아 광고는 소비자의 선택을 하염없이 기다려야 하는 수동적인 위치로 전락해 버렸다. 이제 광고가 노출되는 시간과 공간은 철저하게 소비자의 선택에 좌우된다. 가령, 광고 수업시간에 학생들에게 새로 나온 광고를 예로 설명하면 시청한 학생이 손을 꼽을 정도다. 여러 이유가 있겠지만, 미디어에 접근하는 방법이 다양해지고 채널도 그만큼 많아졌기 때문일 것이다. 무엇보다 라이프스타일이 미디어에 독점적 지위를 허락하지 않는다. 이대로 가다가는 빈도나 노출을 말하는 것이 무의미할지도 모른다. 그동안 광고정책과 관련해 전개된 시장주의자와 규제주의자의 논쟁이 무색할 정도로 변화의 정도가 빠르다. 다시 말해 "광고를 시장에 맡길 것인가? 아니면 견제할 것인가?"에 대한 논의조차 필요 없다는 말이다. PVR(Personal Video Recorder)이 등장하면서 소비자는 광고를 볼 것인가, 말 것인가, 그리고 본다면 언제 어디서 볼 것인가를 결정할 권리를 갖게 되었다. 과거 VTR이나 리모컨의 등장 못지않은 위기가 온 것이다. 가장 불쌍한 여자는 '사랑받지 못하는 여자'가 아닌 '잊혀진 여자'라는 말처럼, 어쩌면 광고가 사랑은커녕 잊혀가는 존재가 되지 않을까 두렵다.

11월11일은 제29회 광고의 날입니다

"쭈욱~쭉"

0   88004   56611   2

광고는 제품을 키우고
생활을 살찌웁니다

'광고가 무슨 효과가 있어?' 하시는 분들 계시죠!
물만 부어주어도 튼실하게 잘 자라는 콩나물처럼
제품에 생명을 주고 소비자에게 사랑받는 브랜드를
광고가 키운다는 사실 잘 모르셨을 거에요.
지금 TV광고와 신문광고를 잘 살펴보세요.
소비자의 삶의 질을 높여줄 귀한 정보로 그득합니다.
광고, 알고보면 참 좋습니다.

사단
법인 **한국광고단체연합회**
KOREA FEDERATION OF ADVERTISING ASSOCIATIONS

〈광고 예〉 우리나라 광고 캠페인

광고읽기, 카피읽기

광고에 대한 부정적 태도, 회의주의와 냉소주의

반기업 정서, 반시장주의 또한 필연적으로 광고에 대한 비호 감을 제공하게 되었다. 광고는 기업의 마케팅 목표 달성을 위한 수단이기 때문에 기업과 시장을 부인하면 발붙일 공간조차 얻지 못한다. 거시적으로 방송과 통신이 융합하는 다매체·다채널 시대의 광고는 허위·과장광고나 과소비 조장의 책임을 논하는 수준의 광고에 대한 부정적 태도를 넘어서 회의주의, 냉소주의, 또는 무용론까지 제기될 위기에 놓여 있다. 광고산업의 활성화 를 논할 때에도 실물 경제의 영향으로 인한 위기보다 인식상의 위기가 오히려 더 큰 위협일 수 있다. 김동현 광고단체연합회 부회장은 2006년 광고학회 춘계 학술세미나에서 광고에 대한 부정적 인식을 다음과 같이 지적했다. "광고산업이 경제·사회적 으로 기여하는 공로에도 불구하고 사회에 팽배한 반광고 정서 는 광고에 대한 편견을 일반화시켜왔다. 업계의 책임도 일정 부분 인정해야 한다." 이는 광고산업이 산업적 역량에 맞는 사 회적 의무와 스스로에 대한 홍보 활동에 무관심했음을 지적한 것이다. 그러고 보면 광고가 소비자에게 사랑받기 위해서 어떤 노력을 했는지 스스로 반성할 기회를 가져야 한다.

도전 카피라이터

[브랜드도 카피다!]

최근에는 헤드라인이나 바디카피와 같이 메시지가 없는 광고가 늘어나고 있습니다. '카피라이터는 이 광고에서 무슨 역할을 했을까? 카피라이터가 광고 회사에서 할 일이 점점 없어지겠구나'라고 생각했다면 오산입니다. 카피는 없지만 그 안에 콘셉트와 브랜드가 제시되었기 때문에 카피와 헤드라인 없이 제작하겠다는 절제의 미학을 발휘한 것이지 카피라이터가 아무것도 하지 않은 건 아닙니다. 그 덕인지 다음 광고는 2007년 칸느광고제와 런던광고제에서 수상하기도 했습니다. 여러분이라면 어떤 선택을 했을까요? 비주얼로 제시된, 츄파춥스를 맛있게 먹고 있는 복어에게 어울리는 카피를 만들어 보세요.

* 헤드라인 써보기

〈광고 예〉 츄파춥스 복어 편

- 아이디어란 무엇인지 정의할 수 있다.
- 광고 아이디어의 발상과 표현을 이해할 수 있다.
- 카피라이팅을 위한 아이디어 발상의 중요성을 이해할 수 있다.

이 장에서는 카피 아이디어 발상법을 알아본다. 아이디어란 무엇인지, 아이디어 발상법과 표현 방법, 그리고 아이디어를 활용한 카피라이팅 사례를 통해 살펴보자. 이렇게 할 때 여러분 스스로가 카피라이터로서 광고 아이디어를 생각해내고 구체적 언어인 카피로 완성하는 카피라이팅 과정을 완전히 이해할 수 있게 된다.

1 아이디어란?

아래 광고는 'LG사이언의 아이디어' TV광고다. 이미 한 두 번씩 본적이 있을 것이다. 물론 여기서 말하는 '아이디어'는 브랜드명이다. 아이디어가 있는 제품으로 소비자에게 만족을 주겠다는 기업의 의지를 담은 이름이 아닐까. 이처럼 아이디어 란 말이 고유명사로 쓰일 정도가 되었으니 굳이 아이디어에 대해 정의할 필요가 있을까 싶지만 아이디어가 무엇인지 스스 로 정의해보는 데서 카피 아이디어 발상법을 시작할 수 있을 것으로 기대한다. 광고에서 아이디어란 무엇일까?

[그림 7-1] 사이언 아이디어 광고

제임스 웹 영(James W. Young)은 저서 『아이디어 발상법』에서 아이디어를 "낡은 요소의 새로운 조합 (New Combination)"이라고 밝혔다(그의 아이디어 발상 5단계는 뒤에서 다시 소개하 기로 한다). 거창한 뜻을 기 대한 사람들에게는 좀 싱 거울 수 있는 정의다. 그리고 비법이나 비방도 아니다. 새로운 조합, 즉 하늘 아래 새것이 없기에 모든 것은 재창조일 수밖에 없다는 평범한 진리를 알려주고 있다. 아이디어란 조금씩 바꿔 새롭게 쓰는 것이라고 한다면 우리 스스로 아이디어를 만들고 그 아이디어를 활용할 수 있다는 게 된다. 생활 속에서 분리수거하듯 아이디어도 새롭게 재활용된다는 것, 다시 생각하면 재미있는 정의다. 아이디어를 바탕으로 광고와 카피 아이디어에 접근해볼 수 있지 않을까 한다.

제임스 웹 영(James W. Young)
세계적 광고회사 제이월터톰슨(J. Walter thomson)의 부사장을 지냈고, 1973년 뉴욕 카피라이터스 클럽에서 '명예의 전당'상을 받은 카피라이터. 데이비드 오길비는 미국 역사상 최고의 광고 거장 5명 중 한 명으로 제임스 웹 영을 지목했다.

그러나 최윤식(2003) 교수는 많은 사람들이 광고 아이디어에 대해 잘못 알고 있다면서 몇 가지 오해를 다음과 같이 지적했다.

첫째, 심마니처럼 찾는 것이 아니라 기자나 형사처럼 찾아야 한다. 너무나 당연한 이야기 같지만 카피라이터는 낚싯대를 걸쳐놓고 잡히기만 기다리는 강태공이 아니라 호랑이를 잡으러 호랑이 굴로 들어가는 사냥꾼이어야 한다. 큰 아이디어를 얻으려면 기자처럼 직접 발로 뛰고, 형사처럼 탐문 수사하듯 해야 싱싱하고 살아 있는 아이디어를 발견할 수 있다. 책상위에서는 탁상공론밖에 나올 수 없다.

둘째, 광고 아이디어는 무(無)에서 유(有)를 창조하는 게 아니라 유(有)에서 유(有)를 창조하는 것이다. 광고 크리에이티브 과정은 작가의 상상력과 직관이 빚어내는 예술이 아닌 소비자의 문제해결이며, 소비자 욕구와 제품 사이의 드라마를 찾는 과정이다. 과거에 통했던 원칙이나 공식으로는 새로운 크리에이티브를 만들 수 없다.

셋째, 빅 아이디어는 헤드라인이나 비주얼이 아닌 **파는 방법의 발견**이다. 그럴듯한 한마디나 기막힌 그림 하나를 찾아내는 것은 아이디어 발상이 아니다. 광고가 설득의 예술이라면, 카피는 설득의 문학이고 비주얼은 설득의 미술이다. 빅 아이디어는 말장난이 아니다. 카피라이터는 헤드라인을 만들기 전에 설득의 논리를 개발하는 것이 무엇보다 중요하다.

2 광고 아이디어 찾기

앞에서 광고 아이디어는 기자나 형사처럼 발로 뛰고, 유에서 유를 창조하며, 파는 방법의 발견이라고 했다. 그럼 카피 아이디어를 위한 정보 수집은 어떻게 접근해야 하는가?

먼저 제품에 대한 정보를 알아야 한다. 여기에는 상품의 특징과 이용 정도, 지명도, 가격과 유통경로, 역사와 기업 내의 위치, 브랜드 이미지 등이 포함된다.

다음으로 시장에 대한 정보를 알아야 한다. 경쟁사와 상품의 강점과 약점, 경쟁상황, 시장점유율 등이 여기에 속한다.

셋째는 소비자 정보이다. 소비자의 인구통계학적인 정보, 구입 정도, 구매행동 과정, 소비자의 만족과 불만족 등을 알아야 한다.

넷째는 시대적 흐름과 사회·정치·경제·문화적 흐름, 환경과의 연관성을 살펴야 한다.

다섯째, 광고에 영향을 미치는 요인들을 살펴야 한다. 여타 프로모션과의 연관성을 확인해야 한다.

마지막으로 기업에 대한 정보를 철저히 알아야 한다.

이 밖에도 제품의 내재된 드라마 찾기, 소비자의 숨겨진 욕망 찾기, 미디어 안에서 찾기 등도 광고 아이디어 개발에 도움이 된다.

이상의 아이디어 찾기 과정을 전체적으로 다시 보면 <표 7-1>과 같다. 즉, 제품 아이디어에서부터 제품 콘셉트, 나아가 크리에이티브 콘셉트로 연결되는 것을 볼 수 있다. 차이는 있지만 카피 플랫폼에서 보았던 제품의 속성(Attribute)이 소비자 혜택(Benefit)으로 바뀌는 과정을 구체적으로 설명하는 것을 확인할 수 있다. 카피발상과 카피라이팅 과정은 예술이라기보다 과학, 감성이라기보다 이성적인 접근이 필요하다. 그러나 중요

〈표 7-1〉 비즈니스 사고의 기본 프레임

목표	담당자	사고 과정	작업내용
무엇을 만들까? (제품화)	테크놀로지스트	제품 아이디어	소재의 선택, 성능과 품질의 결정, 서비스의 결정, 스타일의 결정, 칼라의 결정
어떻게 팔까? (상품화)	마케터	제품 콘셉트	마케팅 믹스 전략, 타겟 전략, 포지셔닝 전략
			상품 계획전술의 결정, 가격전술, 판매전술, 광고, SP 전술의 결정
무엇을 알릴까? (메시지화)	커뮤니케이터	크리에이티브 콘셉트, 아이디어	패키지의 결정, 네이밍, 카피 발상 및 표현, 디자인 표현, 레이 아웃의 결정

자료: 최윤식(2003: 266).

한 것은 역시 설득의 문제이다. 따라서 주요 아이디어 발상법을
이해하는 것이 필요하다.

3 아이디어 발상법

1) 수평적 사고

영국의 생태심리학자 에드워드 드보노는 인간의 사고방
법에는 수직적 사고와 수평적 사고의 두 가지가 있다고 하면
서, 수직적 사고는 어느 기성개념 안에서의 수직적 발전이며

수평적 사고는 기성의 지식에 의존하지 않고 시점을 바꿈으로써 해답을 이끌어내는 사고법이라고 했다. 수직적 사고가 기존의 지식과 경험에 비추어 논리적으로 옳고 그름을 판단하는 사고라면, 수평적 사고는 이미 형성된 인식 패턴을 깨뜨리고 새로운 인식과 개념을 끄집어내 변화를 찾는 사고라고 할 수 있다.

에드워드 드보노(Edward de Bono)

몰타에서 태어나 영국 케임브리지대에서 철학박사 학위를 받은 그는 이후 심리학, 생리학, 의학 분야 학위까지 취득하는 등 다방면에 조예가 깊다. 수평적 사고(lateral thinking)라는 개념은 옥스퍼드 영어사전에 실릴 정도로 일반적인 용어가 되었다.

수직적 사고는 전통적인 사고로 논리적이다. 하나의 사고가 연속적으로 한 정보에서 다음 정보로 발전되기 때문에 수직적이라고 했으며 우리는 학교교육을 통해 수직적 사고에 익숙해 있기 때문에 이 사고의 틀에 갇혀 있다. 가령 "눈이 녹으면 어떻게 되죠?"라는 질문에 "물"이라고 답하는 사람과 "봄"이라고 대답하는 두 사람이 있다면, 전자는 수직적 사고, 후자는 수평적 사고라고 부를 수 있을 것이다(최윤식, 2003).

수직적 사고와 수평적 사고는 상호보완 관계이며 수평적 사고의 원칙은 다음과 같다.

① 창조적 활동의 커다란 장애가 되는 기성 개념을 발견하
고 제거한다.
② 여러 가지 사물 관찰법을 탐구한다.
③ 새로운 아이디어를 만들어내는 경우에는 쓸모없는 수
직적 사고에서 탈피한다.

좋은 아이디어는 때로는 집중력에서 탈피함으로써 생
겨나는 것이다. 스스로의 제약에서 벗어나 새롭게 할 때 크
리에이티브가 생겨날 수 있음을 수평적 사고에서 배울 수
있다.

2) 브레인스토밍

브레인스토밍은 자유연상법에 속하며 개발자인 오즈본
자신은 이 기법을 '조직적인 아이디어의 창출법'으로 처음 사
용했다. 현재 세계에서 가장 많이 사용되는 기법 중 하나로
광고회사 등 소프트한 조직에서 개발되었다.

브레인스토밍의 네 가지 규칙
- 다른 사람의 발언을 비판하지 않는다.
- 자유분방한 발언을 환영한다. 몽상도 좋다.
- 질보다 양을 중요하게 여긴다.
- 다른 사람의 아이디어에 무임승차한다.

브레인스토밍 잘하는 일곱 가지 비결

- 초점을 명확히 한다.
- 놀이하는 기분으로 참가한다.
- 아이디어의 수를 헤아린다.
- 힘을 축적하여 도약한다.
- 장소는 기억을 일깨운다.
- 정신의 근육을 긴장시킨다.
- 신체를 사용한다.

브레인스토밍을 할 때 주의할 점

- 다른 사람의 발언과 의견에 전적으로 편승할 것
- 어느 아이디어가 좋은지 평가하지 말 것
- 타인의 의견이 하찮을지라도 칭찬을 아끼지 말 것
- 'Give & Take' 원칙을 지킬 것
- 다른 사람의 아이디어를 발판삼아 자신의 아이디어를 덧붙일 것
- 서로의 차이를 즐길 것
- 자신이 논의의 주역이 되겠다는 의지를 가질 것

3) 만다라트

만다라트란?

- 만다라트(Mandal-Art)는 일본의 디자이너 아마이즈미 히로아키가 개발한 발상 기법으로 manda + la + art가 결합된 용어이다. manda + la는 목적을 달성한다는 뜻이고, mandal + art는 목적을 달성하는 기술, 그 툴을 의미한다.

[그림 7-2] 만다라트 정사각형

- 머릿속의 생각들은 일직선이 아니라 사방팔방, 거미줄 모양으로 퍼져나간 다. 이러한 머리의 움직임을 그대로 따라 하는 생각의 도구이다. 커다란 정사각형 9개로 나누어진 것이 만다라트이다.

만다라트의 효과
- 머릿속에 있는 정보와 아이디어의 힌트를 간단한 포맷을 통해 놀랄 만큼 다양하게 끌어준다.
- 모인 인원이 불어날수록 정리할 수 없을 만큼 아이디어가 나올 수 있다.
- 아이디어의 재료들이 한 테이블에 올려져 있기 때문에 일일이 생각할 필요 없이 아이디어가 쉽게 나온다.
- 나선형 구조로 움직이는 머리의 구조에 가장 적합한 생각의 도구이다.
- 펼쳐져 있는 아이디어들로 다채로운 아이디어 조합의 묘미를 느낄 수 있다.

4) 발상 5단계

앞서 아이디어를 정의했던 제임스 웹 영의 발상 5단계는 가장 대표적인 아이디어 발상법 중 하나이며 각각을 잘 이해하 고 발상과정에 활용하면 광고 아이디어는 물론 카피 작성을 할 때에도 좋은 결과를 얻을 수 있다.

① **자료수집(Ingestion):** 먼저 도움이 될 모든 것을 수집한다. 자기 자신의 마음속에서 시작해 모든 서류와 자료를 찾아 모으는 단계이다.

② **소화단계(Digestion):** 모든 정보를 검토하고 서로 관련이

있고 해결해야 할 문제를 생각해본다. 말 그대로 섭취된
내용들을 잘 소화해, 내 것으로 만드는 단계이다.

③ **숙성단계(Incubation)**: 문제를 잊어버리고 다른 일을 한
다. 집중에서 벗어나 무의식 상태에서 자유로운 휴식시간
을 갖는다. 암탉이 알을 품는 것처럼. 인내가 필요한 시간
이다.

④ **유레카 단계(Illumination_Eureka)**: 어느 순간, 아르키메
데스가 외쳤던 것처럼 번쩍하고 머릿속을 스치는 생각이
떠오를 때가 있다. 이것은 전혀 예기치 못했던 시간과 장
소에서 경험하게 된다.

⑤ **아이디어 정리 및 계발의 단계(Verification)**: 좋은 아이디
어는 콘셉트와 잘 맞아야 한다. 당장 좋아 보인다고 모두
빅 아이디어라 할 수는 없다. 다른 관점에서, 타인의 눈으
로 한 번 더 아이디어를 검증할 필요가 있다.

이런 5단계가 반복되고 익숙해지면, 매우 짧은 시간에 효
과적인 아이디어를 발상할 수 있게 된다.

아이디어란 새로운 결합이며, 새로운 결합을 만드는 능력
은 관계성을 찾는 능력에서 키워진다고 말한다. 체계적으로
생각의 자료를 모으지 않고 영감이 떠오르기를 기다리는 것은
어리석은 일이라는 것이다. 그 다음은 자료를 충분히 검토해야
한다. 그런 다음에는 그 주제를 완전히 잊는 것이다. 아이디어

는 무의식 속에서, 그야말로 갑자기 엉뚱한 상황에서 떠오른다
고 저자는 말한다. 광고인은 마치 한 마리의 젖소라고 볼 수
있다. 젖소가 풀을 먹어야 우유를 만들어내듯 광고인도 머릿속
에 든 게 있어야 아이디어를 짜낼 수 있으니까. 열심히 풀을
먹어대는 소가 튼튼하고, 새끼도 잘 낳고, 우유도 많이 생산하
듯 광고인도 모름지기 지식 앞에서 탐욕스러운 사람이 되어야
한다(제임스 웹 영, 『광고인이 되는 법』 중에서).

4 카피 아이디어 발상에 적용

카피라이터는 카피를 쓸 때 어떤 방법을 동원할까? 앞서
아이디어 발상법의 예로 들었던 수평적 사고나 브레인스토밍,
만다라트, 발상 5단계 등을 잘 알고 있으면 카피가 줄줄 써질까?
절대 그렇지 않다. 발상법은 하나의 모델을 제시할 뿐 답을 주지
는 않는다. 본인에게 적합한, 과제에 적합한 방법을 선택하고
제한된 시간과 여건 속에서 효율적으로 활용하면 되는 것이다.
발상 5단계를 예로 들어 살펴보자.

첫째, 자료수집 단계

방금 회의를 마치고 손에 크리에이티브 브리프가 쥐어져 있다면 맨 처음 해야 할 것은? 정보를 수집하는 것이다. 정보는 '불확실성을 줄여주는 것'으로 다양한 경로를 통해 정보탐색을 해야 한다. 이때 본인만의 아이디어 노트가 있다면 좋다. 기자의 취재수첩처럼 시사상식에서 아이디어 스케치까지 평소에 중요한 메모를 해놓는 습관이 필요하다.

대부분의 회사에는 자료실이 있다. 아니면 인터넷을 통해서도 많은 2차 자료를 얻을 수 있다. 기업에 대해, 경쟁사에 대해, 과거의 광고에 대해, 그리고 소비자와 미디어에 대해 입체적으로 살펴보고 정보를 탐색해야 한다.

둘째, 소화단계

음식을 맛있게 준비했다면 잘 먹고 내 것으로 만드는 것이 중요하다. 어렵게 얻은 정보를 쌓아놓기만 한다면 시험 전날 노트를 복사하러 열심히 뛰어다니고 한 번도 제대로 보지 못한 채 시험장에 들어가는 것과 같다. 취사선택을 통해 옥석을 가려 완벽하게 이해해야 한다.

셋째, 숙성단계

김치도 익는 시간이 필요하듯 좋은 카피, 좋은 아이디어도 시간이 필요하다. 열심히 준비했다면 잠시 뜨거워진 머리를 식힐 필요가 있다. 외출을 하거나 관련 없는 일로 시간을 보내는 것이 좋다. 물론 너무 오래 숙성하면 쉬어버린 김치처럼 맛을 잃게 된다.

넷째, 유레카

아르키메데스가 "나는 발견했다!"라고 했던 순간처럼 퍼뜩 아이디어가 떠오르는 순간이 있다. 이때를 놓치지 말고 메모하고 기록해야 한다. 이를 위해서 항상 메모지와 필기구를 휴대하는 습관을 갖는 것이 좋다.

다섯째, 검증단계

네 번째 단계에서 얻은 아이디어는 반드시 리뷰(review)단계를 통해 검증해야 한다. 즉, 적절한 아이디어인지 실현 가능하고 경쟁력 있는 카피인지 팀원과 크리에이티브 디렉터에게 확인받는 과정을 거쳐야 한다. 종종 아이디어를 위한 아이디어가 광고에 나오는 것은 이 검증단계를 제대로 거치지 않았기 때문이다.

아이디어 발상은 광고제작과 카피 작성을 위해 반드시 필요한 과정이다. 각각의 방법에 익숙해질 수 있도록 노력이 필요하며 생활 속에서 또는 광고를 보면서 역으로 추적해보는 것도 도움이 된다. 나라면 어떻게 다른 아이디어를 낼 수 있을까? 광고를 보면서 스스로에게 질문하는 것도 좋은 아이디어 발상을 위한 학습방법이다.

생각해볼 문제

Q1 아이디어의 정의는?

Q2 만다라트에 대해 설명해보시오.

Q3 아이디어 발상 5단계는?

Q4 아이디어 검증과정의 중요성을 설명해보시오.

인간과 호흡하는 기술, 광고

세상은 빠르게 변하고 있다. 글로벌과 디지털, 융합이라는 키
워드가 더 이상 낯설지 않다. 지구라는 커다란 마을의 이웃들은
하루가 멀다 하고 가까워지고 있다. 중국은 물론 아프가니스탄,
미국, 브라질은 더 이상 먼 나라가 아니다. 미디어가 제공하는
실재감은 시간의 차이와 공간의 거리를 무의미하게 만들었다.
아울러 소비자들은 더욱 현명해지고 있다. 스마트 소비자(Smart
consumer)▪, 사무라이 소비자(Samurai Consumer)▪▪ 등 다양한 이
름으로 불리고 있다. 프로슈머(Prosumer)나 UCC(User Created
Contents, 손수제작물) 같은 용어들은 따로 설명하지 않아도 될
만큼 일반적인 용어가 되었다.

수용자는 미디어의 선택에서도 이제 더 이상 수동적인 자세
를 취하지 않는다. 새로운 미디어와 채널의 등장이 수용자로서
미디어 소비자의 목소리를 더욱 크게 하고 있다. 다시 말해 미디
어 소비의 시간과 장소, 비용까지 결정하기에 이른 것이다. 그러
나 이러한 기술의 진보가 인간에게 진정한 행복을 제공하는지
한번쯤 돌아볼 일이다. 적어도 광고에서처럼 꿈꾸는 행복을 이
뤄주는 마법이 될 수 있는지, 사랑을 영원히 지켜줄 수 있는지
사람들은 물음표를 찍는다(LG생활건강 기업광고).

이런 의문에 답한 시인이 있다. 시집 『자본주의의 약속』의
작가 함민복은 그의 시 「광고의 나라에 살고 싶다」에서 이렇게
광고를 노래하고 있다.

▪ 자기의 권익을 적극적
으로 주장하며 이익을 주
장하는 소비자를 말함.
▪▪ 불이익에 대해 기업
과 맞서 싸울 각오가 되어
있는 소비자를 말함.

광고의 나라에 살고 싶다
사랑하는 여자와 더불어
아름답고 좋은 것만 가득 찬
저기, 자본의 에덴동산, 자본의 무릉도원,
자본의 서방정토, 자본의 개벽세상
(중략)
아아 광고의 나라에 살고 싶다
사랑하는 여자와 더불어
행복과 희망이 가득 찬
절망이 꽃피는, 광고의 나라

그러나 시인이 살고 싶어 하던 나라는 모순된 "자본의 에덴동산, 자본의 무릉도원, 자본의 서방정토, 자본의 개벽세상", 바로 광고의 나라였다. "사랑하는 여자와 더불어 행복과 희망이 가득 찬" 나라로 표현된 절망이 꽃피는 광고는 그러나 자정의 노력을 하며 회복하기 위해 몸부림친다.

〈광고 예〉 LG생활건강 기업광고

도전 카피라이터

[최소로 최대를 얻어라!]

복잡한 것보다는 단순한 것을 좋아하는 것은 사람들의 인지상정(人之常情)! 경우에 따라 다르지만 일반적으로 긴 카피보다는 짧은 카피가 선호되는 건 당연합니다. 광고는 제한된 미디어의 시간과 공간을 활용하기 때문에, 소비자의 선택을 받기 위해서는 너무 많은 메시지보다 하나의 메시지만을 강조하는 것이 좋습니다. 대한항공 광고에서는 2005년 유니폼 개선을 통해 새로운 이미지로 런칭했음을 알리기 위해 "…Debut in 2005"라는 카피로 표현했습니다. 최소한의 투자로 최대한의 성과를 노린 것입니다. 만약 여러분이 담당 카피라이터였다면, 그리고 반드시 우리말로 표현해야 한다면 어떤 카피를 붙이는 게 좋을까요?

* 헤드라인 써보기

☞

〈광고 예〉 대한항공 유니폼 런칭 편

■ 카피와 수사학의 관계를 이해할 수 있다.
■ 광고의 수사적 표현에 대해서 이해할 수 있다.
■ 수사적 장식의 예를 활용하여 카피를 쓸 수 있다.

이 장에서는 카피라이팅을 위한 카피의 수사학 연속 시간 첫 번째로 수사적 장식을 다루게 된다. 설득과 논증이라는 카피와 수사학의 공통점, 광고 속에 나타난 수사학을 잘 이해한다면, 더 효과적인 광고카피를 쓸 수 있게 될 것이다. 그동안 이론적인 배경 없이 현업에서 사용되던 카피의 수사학에 대해 이론과 사례를 중심으로 알아보겠다.

1 광고와 언어

미국 음악학교 통신강좌 광고. 제가 피아노 앞에 앉자 그들은 웃었습니다. 그러나 제가 피아노 연주를 시작하자 "정말 칠 수 있을까?"하고 여자 누군가가 속삭였습니다. "천만의 말씀" 하고 아더가 내뱉었습니다. "저 친구는 평생에 단 한 번도 연주한 적이 없지."

■ 존 케이플즈의 명카피 피아노 통신교육 광고.
그는 50년 이상이나 물건을 파는 광고만을 만들어왔으며 명예의 카피라이터 전당 (Advertising hall of fame) 회원이었다. 해군사관학교를 졸업하고 2차 대전 중에는 해군 중령으로 복무했다. 그는 지금까지 출간된 광고 관련 서적 중 가장 유용한 네 권의 책을 썼다.
저서로는 『Tested Advertising Me thods』, 『Advertising for immediate Sales』, 『Marketing Ads Pay』가 있는데 이 중 『Tested Advertising Methods』는 카피라이터들에게 가장 실질적인 도움을 주는 책이다. 존 케이플즈는 저술가, 웅변가, 교사연구원, 분석가 등으로 활동하며 다양한 재능으로 알려져 있지만 '광고 역사상 가장 훌륭한 카피라이터'라는 데이비드 오길비의 말이 가장 알맞은 표현일 것이다.

광고 커뮤니케이션은 의도적으로 상징이라는 것을 사용해 상호 간에 영향을 주면서 의미를 나누는 과정이다(이현우, 1998). 따라서 광고는 언어를 통한 설득 커뮤니케이션으로서 많은 언어적 수단을 통해, 또는 비주얼과의 상호작용을 통해 의도적인 상징을 만들고 목표한 의미를 나눌 수 있도록 다양한 전략을 이용하게 된다. 광고 속에서 송신자와 수신자, 즉 광고주와 소비자 간의 커뮤니케이션 과정에서 의미를 나누기 위해 필수적으로 사용되는 언어는 카피, 브랜드, 슬로건 등 다양한 형태로 반복해서 제시된다. 그러나 광고는 광고주의 의도대로 소비자에게 전달되지 않는 몰이해를 가져오는 경우도 있고, 반대로 의도하지 않은 것을 소비자 스스로 해석하는 오해의 경우도 있다(Jacoby, 1990).

존 케이플즈(John Caples)■는 저서 『광고, 이렇게 하면 성공한다』에서 헤드라인을 "광고주가 대중이 읽도록 큰 활자로 찍어 넣는 전보문"이라고 표현하고, "전체 광고 캠페인의 성패는 하나하나의 헤드라인에서 무엇을 말하는가에 달려 있다"며 광고에서 헤드라인, 즉 광고 언어

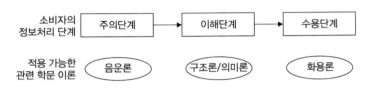

[그림 8-1] 광고의 언어적 기법과 효과에 대한 이론적 틀

자료: 이현우(1998: 141).

의 중요성을 강조하고 있다. 이처럼 광고와 언어는 따로 떼어놓
고 생각할 수 없을 정도로 매우 가까운 관계이며, 실제 표현전
략에서도 매우 조심스럽게 다루어야 할 부분이다.

　　이현우(1998)의『광고언어』에서는 언어학이론과 커뮤니
케이션이론을 광고효과와 관련해 하나의 그림으로 설명하고
있다. 즉, 소비자 정보처리 단계와 언어학의 적용 가능한 이론
을 연결해 [그림 8-1]과 같이 정리했는데, 주의단계 - 이해단계
- 수용단계는 호블랜드와 동료들(Hovland et al., 1953)의 설득
메시지에 대한 내부적 정보처리 단계를 인용했고, 언어학적
이론은 음운론, 구조론과 의미론, 화용론의 순서로 적용 가능한
국어학 이론을 단계별로 제시했다.

　　여기서 음운론은 소비자들의 주의를 끌기 위한 유용한 방
법으로 정보처리 단계상 주의단계에 해당하며, 구조론과 의미
론은 언어의 구조와 수사학적 지식을 활용해 이해에 도움을
주는 역할을 한다. 마지막으로 화용론은 문화와 상황에 대한
지식을 바탕으로 행위적 차원에서 해석하고 행동하게 되는 것

으로 소비자들이 광고를 받아들이는 수용단계에 적용 가능하다고 했다(이현우, 1998).

이처럼 광고효과에서 언어는 정보처리의 각 단계별로 다양한 기능을 수행한다. 광고언어인 카피를 광고전략의 척추(backbone)라고 부르는 이유는 이런 광고와 언어의 밀접한 관계 때문이며, 이미지 중심의 영상시대에도 언어를 통한 메시지 전달이 커뮤니케이션의 효과를 높이기 위해 주된 기능을 발휘하고 있음을 설명해준다.

2 광고 언어와 수사적 표현 (Rhetorical Expression)

수사적 표현은 커뮤니케이션의 효과를 높이기 위해 사용되어온 수사적 과정의 예술적 기법으로, 의미의 획득인 언어에 영향을 주었으며(Corbett, 1990), 대표적 표현으로 수사적 장식(rhetorical figure 또는 scheme)과 수사적 비유(trope)를 들 수 있다(이현우, 1998; [그림 8-2] 참조). 수사적 장식과 수사적 비유는 예견된 언어의 사용을 빛나가게 하는 기법이라는 점에서 같지만 수사적 장식은 문자적 의미를 그대로 반영하는 반면, 수사적 비유는 의미의 변화를 추구하기 때문에 문자 그대로 해석했을

[그림 8-2] 수사적 표현의 분류

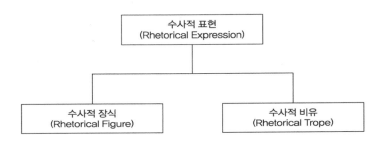

자료: Mothersbaugh, Huhmann and Franke(2002: 589~602).

경우 의미가 정확히 전달되지 않는다. 또한 수사적 장식은 표현
의 구조를 바꾸는 반면, 수사적 비유는 깊은 의미적 구조를
변화시킨다는 점에서 크게 다르다고 할 수 있다(Mothersbaugh,
Huhmann and Franke, 2002).

　수사적 표현의 분류를 광고의 언어적 기법과 효과에 대한
이론적 틀과 연결하면 음운은 수사적 장식, 의미와 구조·화용
은 수사적 비유로 볼 수 있으며, 음운론, 구조론과 의미론, 화용
론이 소비자 정보처리단계에 따라 주의·이해·수용의 순서와
일치한다는 것을 알 수 있다. 수사적 표현은 운율·두운·은유
등 매우 다양한 종류의 표현을 포함하고 있고(Mothersbaugh,
Huhmann and Franke, 2002), 소비자의 관여수준에 따라 관여도
가 낮은 경우에는 두운(alliteration)·모운(assonance)·각운(rhyme)
등 반복기법을 사용하는 과잉코딩메시지(over-coding message)
가 효과적이며, 관여도가 높은 경우에는 수사적 비유인 부족코

딩메시지(under-coding message)를 통한 의미전달이 효과적이다 (Anand and Sternthal, 1990). 과잉코딩메시지는 수사적 장식을, 부족코딩메시지는 수사적 비유를 말한다고 할 수 있다.

수사적 표현은 현대 광고에서는 매우 많은 사례(Leigh, 1994)가 발견되고 있으며, 연구자에 따라서 조금씩 차이는 있지만 수사적 표현에 대한 관심과 연구가 계속 이어지고 있다. 맥쿼리와 믹(McQuarrie and Mick, 1996)은 광고 속에서 수사적 표현이 늘어나는 이유를 다음과 같이 설명한다.

첫째, 수사적 표현은 기본적으로 언어의 문자적 의미에서의 일탈을 의미하며, 수용자에게 숨겨진 의미를 찾게 하는 동기부여 역할을 해 궁극적으로 주의를 투여하게 한다.

둘째, 수사적 표현은 수용자에게 즐거움을 주는데, 이것은 바르트(Barthes, 1985)의 '텍스트의 즐거움(pleasure of the text)' 개념으로 긍정적인 태도를 형성하게 한다.

셋째, 수사적 표현은 의미가 불완전하기 때문에 수용자의 인지적 노력으로 인한 회상을 늘어나게 한다.

이러한 이유로 광고언어의 의미론 차원에서 수사적 표현은 늘어날 수밖에 없고 커뮤니케이션 효과를 높이기 위해 다양한 종류의 수사적 표현이 광고에 등장하게 된다는 것이다.

(1) 광고언어의 음운론

광고언어의 음운론적 특성은 소비자가 광고에 관심을 기울이도록 하여 광고에 머무는 주의투여시간 확보를 위해 사용된다. **AIDMA** 이론에 의하면 대부분의 광고는 첫 번째 단계인 주의집중(Attention)에 많은 노력을 기울이는데, 음운론은 과잉 메시지 속에서 소비자의 눈과 귀를 확보하는 데 사용될 수 있으며, 따라서 광고 실무에서의 활용가치가 매우 높다. 광고에 사용된 음운론은 크게 셋으로 나눌 수 있는데, 첫째는 문장 안에서 두 단어의 자음이 반복되는 두운(alliteration), 둘째는 두 단어의 모음이 반복되는 모운(assonance), 셋째는 단어의 마지막 부분의 음이 반복되는 각운(rhyme)이다.

음운론은 수사적 표현의 수사적 장식과 관련이 매우 깊은데, 각각의 예를 들면 두운의 경우에는 [예 1] '하나은행이 더 큰 하나가 되었습니다'의 경우처럼 은행 이름인 '하나'와 단 한 가지만을 의미하는 '하나'에서 자음 'ㅎ'이 반복되며 강조와 주목의 음운론적인 효과를 거둔다.

[예1] 두운: 하나은행이 더 큰 하나가 되었습니다. 하나은행

모운의 경우에는 [예 2] '카(car)~ 싸다'의 경우처럼 계속해서 카피에서 'ㅏ' 발음이 세 번 반복되어 나타나는 경우이다. 일정한 리듬과 장단을 모운으로 제공하여 은연중에 주의와 회상을 높이고 있다.

각운은 [예 3]처럼 단어의 마지막 부분인 '드림'을 반복하여 일치시키는 방법이다. 두 개의 단어를 강력하게 연결해 주의 및 회상을 높이는 역할을 한다.

[예2] 모운: 카(car)~ 싸다 (인터넷 자동차 몰 리베로)

[예3] 각운: 감사드림 선물드림 대축제 (현대캐피탈 드림론패스)

〈표 8-1〉 수사적 장식

종류		내용
반복	수구반복 (anaphora)	문장의 시작 부분[首句]을 반복하는 기법
	결구반복 (epistrophe)	문장의 마지막[結句]을 반복하는 기법
	대구 (parallellism)	문장 구조의 반복[對句]을 이용한 기법
단어배열 위치변경	구문상 반전 (antimetabole)	동일한 단어의 물리적 위치를 변경해 문장 구문상의 반전을 나타내는 기법
	의미상 반전 (antithesis)	서로 대조되는 의미를 가진 단어들을 배열해 의미상의 반전을 나타내는 기법
생략(ellipsis)		특정요소를 의도적으로 생략함으로써 소비 자가 직접 생략된 부분을 보충하도록 동기를 제공하는 기법
수사적 질문 (rhetorical question)		자문자답(hypophora), 이미 입증된 사실을 의 문 형식으로 처리(erotema), 일련의 연속된 질 문(psyma), 비난하는 질문(anacenosis) 등

자료: 이현우(1998)를 재구성.

(2) 광고언어의 구조론

구조론에서는 언어의 구성과 형식을 중요하게 생각하
는데, 이현우(1998)는 구와 문장을 반복해 주의와 관심을
끄는 구조를 수사적 장식으로 보고 <표 8-1>과 같이 분류
했다.

여기서 수사적 장식은 크게 반복과 위치변경, 생략, 수사
적 질문 네 가지로 나눈다.

첫째, 반복의 종류에는 문장의 시작부분이 반복되는 수구

반복과 마지막 부분이 반복되는 결구반복, 구조가 반복되는
대구가 있다. [예4]의 '보~아요'가 문장의 마지막 부분에 반복
되는 결구반복의 사례를 보여준다.

둘째, 단어배열 위치변경은 문장 구문상의 반전과 의미상
의 반전으로 크게 나뉘는데 [예5]와 같이 '어린이'와 '어린 이
[齒牙]'의 사이에서 의도적인 단어배열 조작(띄어쓰기)을 확인할
수 있다. 어린이의 치아를 위한 치약임을 물리적 위치 변경의
예를 볼 수 있다.

[예4] 공부할 때 마셔 보~아요. 집중력을 키워 보~아요.
(일양약품 브레인토피아닷컴)

[예5] 어린 이를 위한 가장 좋은 선물 (삼일제약 어린이치약)

셋째, 생략의 경우 의도적인 생략으로 수용자가 관여도를
높여 완성하게 하는 동기를 제공한다. [예6]의 경우 '분명 SM5
인데…'는 무려 26가지나 변화된 모델이지만 스타일은 변함이
없다'는 메시지를 생략을 통해 본문으로 연결했으며, 관여에
의한 문장의 보충을 유도했다.

넷째, 수사적 질문은 의문문의 형식으로 수용자에게 질문
하는데 수용자는 이에 대한 답을 요구받아 반박의 여지나 공격
의 가능성이 현저히 없어진다. [예7]에서처럼 수사적 질문은
자문자답을 통해 강하게 긍정하게 하는 효과가 있다.

[예6] 분명 SM5인데… (르노삼성자동차)

[예 7] 누가 나이키를 신는가? (나이키스포츠)

생각해볼 문제

Q1 광고와 언어의 관계를 말해보시오.

Q2 광고의 수사적 표현의 종류에는 어떤 것이 있나?

Q3 수사적 장식에는 어떤 것들이 있나?

Q4 카피와 수사학의 닮은 점을 설명하시오.

광고로 본 언어와 문화

'발 없는 말이 천리를 간다', '말 한마디로 천 냥 빚을 갚는다', '말이 씨가 된다', '말은 해야 맛이고 고기는 씹어야 맛이다', '말 속에 뼈가 있다'.

말이 천리를 가고 천 냥이나 되는 거금을 갚아버리고, 때로는 씨가 되기도 한다. 맛나게 씹을 수도 있고, 그 안에 뼈가 숨어 있기도 한다. 오늘날 우리가 인용하는 이런 속담에는 우리 조상들이 살아오면서 화석처럼 남겨놓은 의미의 조각들이 퇴적되어 있다. 말 그대로 언어문화를 이루고 있는 것이다.

그리스 고대 수사학의 아버지 아리스토텔레스(Aristotle, B.C 384-322)는 설득의 도구로서 언어의 효용을 높이 평가했다. 에토스, 파토스, 로고스를 기술적 논증으로 보고 에토스는 '화자(話者)의 특성', 파토스는 '청자(聽者)의 공감', 로고스는 '주장 그자체'로 보았다. 이것들이 오늘날 윤리학, 수용자, 논리학으로 발전하게 된 것이다.

언어를 통한 설득이란 측면에서, 광고는 언어와 문화의 힘을 잘 활용하는 분야다. 특히 광고언어의 문화적 특성은 구체적인 설명이 필요 없을 정도로 우리 생활 깊숙이 들어와 있다. 특히 미디어 환경이 다매체·다채널 시대로 접어들면서 생산과 소비를 함께하는 손수제작물(User Created Contents)의 범람은 이런 특징을 잘 보여준다.

언어의 실용적 측면은 우리의 생활언어에도 영향을 주었다.

폭스(Fox)라는 사람은 "광고는 세상을 비추는 거
울"이라고 했다. 세상을 비추기도 하지만, 비치
는 세상을 바꾸기도 하는 게 광고다. 예를 들어
<광고 예>의 KTF 쇼 광고는 그런 모습을 잘 보
여주고 있다.

〈광고 예〉 KTF 쇼 HSDPA 광고

기술을 통해 음성으로 전송되는 1세대에서 문자를 보내던 2세대, 그리고 영상까지 보여주는(Show) 통신 서비스는 우리의 언어적 커뮤니케이션(Verbal Communication)을 글에서 말로, 다시 문자로 그리고 그림으로 바꾸어놓았다.

말을 한다는 것보다 어쩌면 말을 보여주어야 하는 세상이 올지 모르겠다는 것은 필자만의 기우일까? 그 덕분에 우리는 아버지의 쇼도 볼 수 있다.

"우리……. 아무것도 필요 없다. 하하하하", "아무것도 안 나온다"라는 말은 그림이 있어 더 힘을 얻는다. 다소 희화화되고 허풍스런 요소가 있다고는 하지만, 한 해 5~6번 이하로 고향을 방문하는 사람이라면 뜨끔하기도 하고 '쇼 폰 하나쯤은 사드려야 하지 않을까?' 싶을 것이다.

원래 이 통신서비스의 네이밍은 W였다고 하는데, "쇼 하고 있네!"의 쇼와 영상통화라는 서비스 특성을 네이밍에 담은 것이다. 쇼(Show)로 바꾼 건 정말 잘한 일 같다.

실제 이 영상통화 서비스 초기에는 30~40대 주부들에게 많이 팔렸는데, 멀리 있는 부모님들에게 안부를 전하기 위해 효도폰으로 판매되었다고 하니 실현 가능한 팩션(Faction)을 TV 광고로 옮긴 경우라 하겠다.

쇼(Show)라는 서비스 이름에는 이동통신회사의 브랜드만으로 보기에는 너무 많은 말이 숨어 있다. 쇼(Show), 동사로는 보여주는 행위지만 쇼는 원래 버라이어티나 라이브와 붙으면 볼거리의 의미를 갖는다.

물론 지금처럼 브랜드로 사용될 수도 있지만
불과 10년 전만 해도 동음이의의 익살(Pun) 브랜
드 네임은 물론, 광고에서도 쉽게 찾기 어려웠다.

〈광고 예〉 KTF 쇼 '아버지' 편

도전 카피라이터

[운율을 살리면 힘이 생긴다!]

설득 커뮤니케이션으로서 카피라이터는 필연적으로 수사적인 기법들을 사용하게 됩니다. 따라서 수사학을 이해하고 활용하는 것이 중요합니다. 오케이 캐쉬백의 경우 "난 여자다! 난 캐쉬폭시다"라는 헤드라인에서 다양한 수사적 장식이 등장하는데 "난(나는)"이라는 문장의 앞부분을 두운으로 반복해서 사용했고 "~다!"라고 문장의 마지막을 반복해 운율을 살렸습니다. 이 경우 소리글자인 한글의 특징을 잘 살리면서 독자가 재미를 느낄 수 있도록 해 주목성을 높이는 장점이 있습니다. 그러나 지나친 운율은 신선함을 없앨 수도 있습니다. 이 광고의 헤드라인에서 수사적 장식, 즉 운율을 없애고 다시 써봅시다.

* 헤드라인 다시 써보기

☞

〈광고 예〉 오케이캐쉬백 캐시폭시 편

- 광고언어의 수사적 비유를 이해할 수 있다.
- 카피의 의미론을 이해할 수 있다.
- 어휘상 의미론과 문장상 의미론의 차이를 알 수 있다.

이 장에서는 지난 시간에 이어 카피라이팅을 위한 카피의 수사학 연속 시간으로 카피의 의미론과 관련된 수사적 비유를 다루게 된다. 대표적으로 어휘상 의미론과 문장상 의미론으로 크게 나눠 살펴본다. 카피가 전달하게 될 다양한 효과 중 이해단계에 해당하는 의미론과 관련된 내용이다. 그동안 이론적인 배경 없이 현업에서 사용되던 카피의 수사학에 대해 이론과 사례를 중심으로 알아보도록 하겠다.

1 광고언어의 의미론

　　[그림 9-1]은 앞 장에서 다뤘던 광고의 언어적 기법과 효과에 관한 이론적 틀을 보여준다. 그림에서 보는 것처럼 앞서 배운 수사적 장식은 음운론과 관련된 내용이었다. 즉, 카피의 소리값과 관련한 변화를 통해 주목을 끌고자 한다는 것이 핵심이다. 반면 이 장에서 다루게 될 수사적 비유는 의미의 변화를 유도한다. 그림처럼 의미는 이해를 추구한다는 점에서, 또 소리가 아닌 의미를 핵심으로 다룬다는 것이다. 그럼 광고언어의 의미론을 살펴보자.

　　이현우(1998)는 광고언어와 관련해 주로 거론되는 문법 파괴의 하나로 한자어나 영어가 우리말과 혼용되어 사용되는 경우를 들었다. 예를 들어보면 [예 1]에서는 가격이 인하되는 것

[그림 9-1] 광고의 언어적 기법과 효과에 대한 이론적 틀

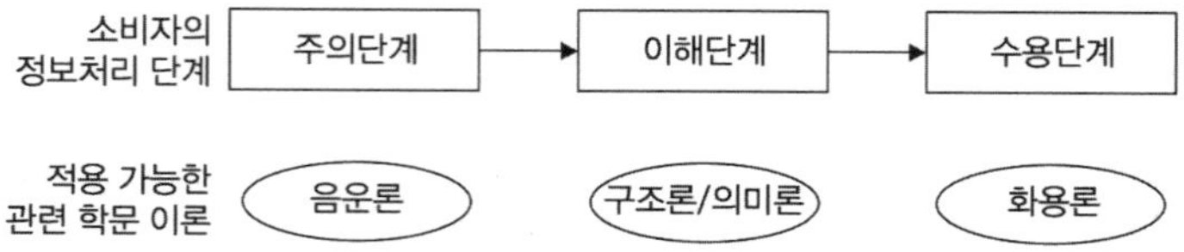

소비자의 정보처리 단계	주의단계	→	이해단계	→	수용단계
적용 가능한 관련 학문 이론	음운론		구조론/의미론		화용론

자료: 이현우(1998: 141).

을 웃음소리 '하하하'와 아래 하 '下'를 함께 제시해, 소비자가
기대하고 있는 웃음소리 '하하하'에 위반되는 메시지로 주의와
회상 효과를 의도했다.

　[예2]의 경우에도 'Eye좋아'라는 감탄과 함께 '눈이 좋아'
한다는 동일한 메시지 효과를 기대한 것으로 보인다. 구조적으
로 동음이의어를 이용한 문법파괴로 변화된 구조가 수용자 해
독과정에서 '텍스트의 즐거움(pleasure of the text)'을 제공해 주
의 투여와 이해를 높였다.

[예1] 下下下...017 통화료 인하 (파워디지털 017)

[예 2] Eye좋아, 눈이 편한 모니터 (한솔전자 마젤란)

　　이현우(1998)는 의미의 구조를 바꾸는 수사적 비유에는 어휘상 의미전이와 문장상 의미전이가 있다고 했다. 수사적 비유에서 눈여겨볼 것은 오늘날 광고에서 두드러지게 나타나는 현상으로 어휘상 의미전이의 하나인 동음이의의 익살이다. 은유가 두 단어 사이의 개념의 유사성에 기초하고 있는 반면, 동음이의어의 우연한 유사성을 이용한 수사기법은 대체로 두 개 이상의 서로 다른 의미를 갖고 있으며, 주어진 문장에서 단어의 의미를 어떻게 해석하느냐에 따라 전체 뜻이 확연히 달라진다.

2 어휘상의 의미전이

어휘상의 의미전이는 은유, 동음이의의 익살, 환유 3가지
로 나뉘는데, 먼저 은유는 'A는 B다'라는 식의 의미 전환이다.
[예 3]에 제시된 '당신은 체어맨입니다'라는 표현은 자동차 오
너십의 사회경제적 지위(Socio Economic Status)를 나타내는 은
유적 표현이다.

[예 3] 당신은 체어맨입니다 (쌍용자동차)

[예4] 믿을 水 있습니까? (대우정수기 믿을水)

[예5] Make Up Style Up 뉴클릭 (현대자동차)

 둘째, 동음이의의 익살은 같은 소리에 다른 뜻을 가진 단
어를 이용하거나 브랜드 네임을 활용한 경우인데, 대표적으로

[예 4]와 같이 정수기 브랜드 '믿을 水'의 광고에서는 '믿을 水 있습니까?'라는 헤드라인을 사용해 브랜드 네임을 일반명사처럼 쓰기도 하고 한자의 뜻과 소리값을 함께 활용하기도 한다. 셋째, 환유는 [예 5]의 'Make Up Style Up 뉴클릭'처럼 자동차를 사람에 비유해 화장하고 변신하는 대상으로 바꿔 말하는데, 기존 의미를 새로운 의미로 바꾸는 기법이다.

3 문장상의 의미전이

　문장상의 의미전이는 과장법, 반어법, 역설법으로 나뉜다. 과장법은 [예 6]과 같이 실제보다 크게 또는 작게 말하기이다. 즉, 새로운 벤츠 E클래스가 세상을 움직인다는 과장을 보여주고 있으며, [예 7]처럼 반어법은 정반대로 말하기와 표현하기로 참 뜻과 정반대가 되는 표현을 말한다. 국제 도시급의 송도 신도시에 건설되는 풍림아파트에 청약하라는 메시지를 "이민 갑시다!"라는 반어적 표현으로 소구했다. 마지막으로 역설법은 [예 8]처럼 앞뒤가 안 맞지만 오히려 더 강조하려는 의도를 역설적으로 보여준다. KTF의 매직엔 서비스가 너무 재미있어 TV는 멀리하게 되었다는 역설을 "TV님 죄송합니다"라는 헤드

라인에 담았다. 의미를 중심으로 한 수사적 표현인 수사적 비유
에 대한 내용은 <표 9-1>에서 정리했다.

[예6] 새로운 파워가 세상을 움직인다 (벤츠 E클래스)

[예7] 이민갑시다. 풍림아이원 (풍림산업)

[예8] TV님 죄송합니다 (KTF)

〈표 9-1〉 수사적 비유

종류		내용
어휘상 의미전이	은유 (metaphor)	넓은 의미로 모든 종류의 수사적 표현을 말하기도 함. 두 단어 사이의 개념적 유사성에 기초한 의미의 전환 기법
	동음이의의 익살 (homonym)	펀(pun), 두 단어 사이의 우연한 유사성을 이용한 수사기법. 주어진 단어를 어떻게 해석하느냐에 따라 문자의 뜻이 달라짐
	환유 (metonymy)	이름 바꾸기. 두 단어 사이의 개념적 인접성에 의한 의미의 전환기법. 소유자의 일부 특정 소유물로 소유자를 나타내는 기법
문장상 의미전이	과장법 (hyperbole)	사실보다 크게 확대하거나 작게 축소하는 기법. 허언(bomphilogia)이라고도 함
	반어법 (irony)	원래 뜻과 정반대되는 말로 표현해 문장의 변화효과를 기대하는 기법
	역설법 (paradox)	앞뒤가 안 맞는 일을 표현하는 기법. 역설의 세계는 광고에서의 부연설명에 의해 더 강한 진실의 세계로 전환

자료: 이현우(1998)를 재구성.

4 수사적 표현의 연구 경향

수사적 표현에 관한 연구에는 수사적 장식과 수사적 비유가 모두 포함되는데, 초기 연구(Petty and Cacioppo, 1981)에서는 수사적 장식의 하나인 수사적 질문의 커뮤니케이션 효과를 측정했다. 연구 결과 수사적 질문에 의한 상호작용 효과를 확인했으며, 설득에서 수사적 질문은 논쟁의 질과 수신자의 관여도, 메시지 스타일에 긍정적인 영향을 준다는 것을 밝혀냈다. 뭉크와 스웨이즈(Munch and Sways, 1988)의 연구에서는 수사적 질문이 신제품 소개에 잘 쓰이며 이전 연구 결과와는 달리 고관여 상황에서 수사적 기법이 논쟁적 회상을 적게 한다는 것을 밝혀냈다. 또한 수사적 질문이 송신자의 메시지 안에 포함되었을 때 수신자의 정교화에 영향을 미치며, 오락을 목적으로 할 때에는 효과적이지 않은 것으로 드러났다. 또 다른 연구들(Mick and Buhl, 1992; McQuarrie and Mick, 2003)에서는 수사적 장식의 효과가 회상과 태도에 긍정적인 것으로 나타났다. 또한 인지경로를 통한 회상과 태도의 변용을 확인할 수 있었으며 언어적 수사 장식과 시각적 장식이 함께 노출되었을 때의 효과를 비교해 연구했다.

수사적 장식과 수사적 비유에 관한 연구를 살펴보면, 일반적으로 수사적 장식은 광고물에 주목하게 하고 수사적 비유는 메시지 관련 측면의 이해를 돕는다는 것을 확인하는 등 효과를 밝혀내는 연구(McQuarrie and Mick, 1999; Mothersbaugh, Huhmann and Franke, 2002)에 주력했다. 이 같은 결과는 수사적 장식이 주로 음운론과 관련이 있고 수사적 비유가 의미론과 관련이 있으므로 <표 9-2>에서는 '광고의 수사적 비유와 표현 관련 연구경향'에서의 설명과 부합하는 연구 결과를 보여주고 있다.

〈표 9-2〉 광고의 수사적 표현 관련 연구경향

연구자	수사학 관련 연구	시사점
McQuarrie and Mick(2003)	언어적·시각적 수사적 장식의 직접반응과 동반노출 효과 비교 연구. 다양한 인지경로로 광고 상기도와 긍정적 태도가 시각적 수사 장식에 나타남	수사적 장식의 효과연구
Mothersbaugh, Huhmann and Franke(2002)	스키마와 수사적 비유의 불일치 차이에 관심을 둔 연구로서 스키마는 모든 광고에 일반적 초점을 제공하고, 수사적 비유는 메시지 관련 측면에 선택적으로 집중하게 함	수사적 장식과 수사적 비유의 비교 연구
McGuire(2000)	설득커뮤니케이션 관점에서 수사적 표현을 메시지의 문제로 보고 ① 주의, ② 송신자 인식, ③ 의미심장, ④ 분위기 등 네 가지 이론을 제시함. 수사적 비유의 주목, 이해, 동의 기능을 주장. 광고의 수사적 표현 연구에 큰 틀을 연 선도적 연구	광고 수사학 연구문제 제시
강태완(1999)	시각적 메시지의 의미작용(의미론), 시각적 메시지의 구성(구문론), 시각적 메시지의 기능(화행론)의 분석 범주로 네 개의 잡지광고 사례분석. 시각 커뮤니케이션의 '보편적인 설득의 문법'을 밝혀내기 위한 연구목적으로 내용을 분석함	수사적 설득의 문법
McQuarrie and Mick(1999)	광고에 나타난 시각적 수사 연구. 수사적 장식의 일탈 정도, 스키마와 수사비유의 비교, 단순수사와 복잡 수사 연구	수사적 장식과 수사비유 비교
Scott(1994)	시각적 수사학 형식으로 계획된 광고 이미지로서 새로운 이론적 틀을 세운 연구	수사학 이미지 이론 제시
Leigh(1994)	2,183개의 광고물 내용분석으로 41개의 수사적 표현 분류, 인쇄광고에서 등장한 수사기법의 회수와 사용된 범주를 분석. 주로 등장한 것은 두운, 요운(모운), 익살(pun) 등임	수사적 표현의 내용분류
Mick and Buhl(1992)	동반노출 효과 비교 연구. 다양한 인지경로로 광고 상기도와 긍정적 태도가 시각적 수사 장식에 나타남	수사적 장식의 효과연구

Munch and Sways(1988)	수사적 질문(rhetorical question)이 설득 메시지로서 수신자의 메시지와 송신자 정교화에 미치는 영향연구. 수신자의 메시지 반응은 메시지 송신자에 대한 조건에 따르기 때문에 오락을 목적으로 사용된 수사학은 효과적이지 못함	수사적 질문 연구
Petty and Cacioppo(1981)	설득에 있어서 수사적 질문은 다음의 메시지 효과를 거둔다. 즉 논쟁의 질, 수신자의 관여도, 메시지의 스타일에 있어서 상호작용을 가능하게 한다	수사적 질문 연구

※ 위의 표는 연구자가 재구성한 것임.

이 밖에도 광고물의 내용분석을 통해 수사적 표현을 유형화하려는 노력이 있었는데, 리(Leigh, 1994)의 연구에서는 두운, 요운 등의 수사적 장식이 가장 두드러지게 등장했고, 강태완(1999)은 보편적인 설득의 문법을 밝혀내기 위해 분석 범주별 네 개 잡지의 내용을 분석했다. 이와는 달리 설득커뮤니케이션 관점에서 광고수사학의 연구문제를 제시하며 큰 틀을 연 맥과이어(McGuire, 2000)는 하나의 독창적인 연구영역과 연구문제로 수사적 표현을 제안하고 있다. 특히 수사적 비유가 주목, 이해, 동의 기능을 한다고 주장하면서 향후 이어질 수사적 표현 연구의 큰 흐름을 거시적 관점에서 바라보았다. 맥과이어와 믹(McQuarrie and Mick, 1992; 1996; 1999; 2000; 2003)이 광고 수사학 분야의 선도적 연구로서 이론의 발전에 기여했다면, 맥과이어(McGuire, 2000)는 광고 수사학의 체계와 연구문제를 제시한 점에서 이 분야의 중심적인 연구자라 할 수 있다. <표 9-2>는 광고의 수사적 표현과 관련된 연구경향을 정리한 것이다.

생각해볼 문제

Q1 카피의 수사적 비유란?

Q2 수사적 비유가 활용된 광고카피를 적어보시오.

Q3 카피의 수사적 비유에는 어떤 것이 있나?

Q4 국문법과 광고카피의 수사학의 차이점은 무엇인가?

광고하기, 카피하기

동음이의와 같은 언어는 유희적 측면이 너무 강조되면 가볍게 느껴질 수도 있다. 신문에서, 방송 프로그램에서, 우리의 글 속에서 언어는 문화를 반영한다. 광고는 바로 이러한 것을 구현하는 기술(art)이다. 통신서비스 광고에서 어떤 아버지는 5년 전 먼 하늘로 떠난 딸아이의 목소리를 통해 전할 수 없는 마음까지 전해 받고 있다. 이 '하늘에 보내는 음성메시지' 편은 몇 년 전 태풍으로 딸을 잃은 어느 교수의 사연을 바탕으로 제작되어 시청자들의 눈시울을 적셨다. 딸을 떠나보낸 후 5년이 지난 지금도 딸의 휴대폰서비스를 해지하지 않고 음성과 문자로 하늘나라의 딸에게 안부를 전하고 있다. 녹음된 목소리가 아버지에겐 또 다른 희망이다.

〈광고 예〉 SK텔레콤 '하늘에 보내는 음성메시지' 편

'엄마의 발등' 편은 사고로 다리를 잃은 젊은 여성이 어머니와 함께 장애를 극복해가는 과정을 소재로 구성되었다. 자식을

위해 어떤 고통도 감수하는 어머니에 대한 고마움을 표현했다. 특히 사고로 다리를 잃은 실제 이야기를 바탕으로 제작되어 더 진한 감동을 전해준다. 딸아이의 새로운 걸음마를 위해 발등에 멍이 생긴 엄마의 모습은 많은 사람들에게 감동의 눈물을 선사했다. 이 두 편의 광고는 드라마보다 더 드라마틱한 스토리텔링을 소비자와 공명했다.

〈광고 예〉 삼성 고맙습니다 캠페인 '엄마의 발등' 편

하이데거(Heidegger, 1886~1976)는 "인간은 언어적 재능을 가진 동물"이라고 하면서 "언어는 존재의 집"이라 했다. 광고를 통해서 본 언어와 문화는 하이데거의 말에 동의하는 듯하다. 그러나 이를 뒤집어보면 "존재는 언어의 집"이 아닐까? 다시 말해 호모 로쿠엔스(Homo Loquens), 즉 언어적 인간으로 우리는 필연적으로 생각하고 말하며 글 쓰고 대화하는 언어의 집인 것이다. 광고로 본 언어와 문화는 그런 믿음을 더욱 강하게 한다.

도전 카피라이터

[이 없으면 잇몸으로, 헤드가 없으면 바디로!]

광고에 카피가 없이 브랜드만 있어도 광고 메시지가 완성되듯이 헤드라인이 없이 바디카피만으로도 광고는 완성됩니다. 삼성의 '함께가요 희망으로' 캠페인에는 헤드라인이 없지만 오히려 바디카피를 바로 읽게 하는 장점이 있습니다. 만약 여러분이 담당 카피라이터였다면 이처럼 용단을 내렸을까요? 헤드라인이 꼭 있어야 하는 것은 아니지만 바디카피를 잘 읽어보고 헤드라인을 써보세요.

* 헤드라인 다시 써보기
☞

〈광고 예〉 삼성 기업PR 함께 가요 희망으로 편

■ 수사적 표현의 개관을 알 수 있다.
■ 펀을 비롯한 수사적 표현에 대해 알 수 있다.
■ 카피 수사학의 하나인 공명기법을 이해할 수 있다.

이 장에서는 공명기법을 다룬다. 광고에는 '울림과 떨림'이 있어야 한다는 것을 말한다. 다시 말해 카피와 비주얼의 울림을 공명이라 할 수 있다. 초등학교 과학시간에 소리굽쇠로 공명 실험을 한 적이 있을 것이다. 망치로 말굽처럼 굽은 쇠를 치면 "웅~" 하면서 소리가 울리는 것을 확인했다. 바로 그 공명현상이 광고카피와 비주얼 사이에도 있다. 광고물에 자주 등장하는 공명기법은 그 활용이 비교적 쉬워서 초보자의 경우에도 카피라이팅에 참고하면 좋을 것이다. 이 장과 다음 장에서 수사적 표현의 하나인 공명기법에 대해 살펴보겠다.

1 수사적 비유로서의 펀(Pun)

(1) 수사적 비유에 관한 연구

지난 20여 년간 진행된 광고와 관련된 수사학 연구는 수사적 질문에서부터 수사적 기법의 유형화, 시각적 은유로 이어져 왔으며, 내용분류와 효과연구를 거쳐 광고 수사학의 기초를 다지는 데 기여해왔다. 초기의 수사학 관련 연구가 메시지 구성의 효과 차원에서 언어와 그림의 차이를 규명했는데, 주관적인 메시지보다 객관적인 메시지가 더 많은 회상과 태도를 거두었고 비주얼과 카피의 효과 차이는 없는 것으로 밝혀졌다.

수사적 비유에 관한 연구의 흐름은 언어와 시각, 즉 카피와 비주얼의 효과를 비교하거나 각각을 구분해왔으나 맥과이어와 믹(McQuarrie and Mick, 1992; 1996)의 연구를 시작으로 점차 언어와 시각을 함께 활용한 수사적 표현에 대한 관심이 대두되었다. 연구자에 따라 수사적 표현, 수사적 장식, 또는 양자모두를 선택하고 있지만, 최근으로 올수록 카피와 비주얼의 상호작용을 중요하게 생각하게 되었다. 이는 수용자의 메시지 선택권이 강화되고 있으며 매체의 폭발적 증가 때문이라고 볼수 있다.

(2) 펀(pun)의 정의

펀(pun)은 '하나 이상의 의미를 가진 단어의 활용, 또는 동음이의어의 두 가지 의미로 사람들을 웃게 하는 것(同音異議語, homonyms)'이라고 하며, '발음은 같으나 글자가 다른 것을 동음이자(同音異子, homophones)'라고 한다(Culler, 1988). 펀은 수용자를 집중케 한다는 점에서 광고주에게 매력적인 수단이다. 그러나 제시로 끝나는 것이 아니라 계속 주목하고 결국 태도 변화를 위한 노력이 이어져야 한다.

펀을 풀어가는 과정에서 수용자에게 즐거움과 만족이 제공된다. 이것은 광고물에 대한 수용자의 태도, 나아가 광고된 제품에 대한 태도에 영향을 주게 되는데, 때로는 펀의 해석이 거절되기 때문에 추가적으로 맥락의 효과를 주어야 한다. 펀은 의도한 목표인 설득을 얻기 위한 가장 경제적인 방법이며 모호성 때문에 둘 이상의 해석을 낳게 된다.

(3) 펀의 유형

펀을 이용한 광고가 최근 자주 발견되는 이유는 펀이 정보의 홍수에 지친 소비자들의 주의를 끌 수 있을 뿐만 아니라 소비자의 경계심을 늦출 수 있기 때문이다. 이현우(1998)는 광고에서 펀이 다양한 형태로 사용되고 있다면서 펀의 유형을 다음 세 가지로 보았다.

첫 번째 유형은 브랜드 네임을 일반명사와 동일하게 설정하는 방법(일반명사의 고유명사화)이며, 이 경우 일상적으로 흔히 볼 수 있으므로 쉽게 눈치 채지 못한다고 했다. 많은 기업이 자사의 브랜드 전략에 이미 활용하고 있으며 '일반명사의 고유명사화'한 편이었다는 것을 알 수 있다. [예1]에서와 같이 '컨디션'은 일반적으로 몸의 건강상태, 몸의 느낌 등을 말하는데 브랜드 네임으로 고유명사화한 편의 하나로 볼 수 있다.

[예1] 컨디션 (제일제당 숙취해소음료)

두 번째 유형은 한 단어가 두 가지 문법적 품사로 해석되는 경우이며 흔하기 때문에 애매성이 많이 발견된다고 했다. 주로 명사를 동사로 전용하는 사례를 볼 수 있다. [예2]의 경우 '쿠쿠하세요'는 요리사 또는 요리하다(cook)의 뜻이면서 전기밥솥 브랜드로 명사이고 또 '~하세요'라고 하여 동사로도 사용되었다. 이런 신조어들의 의도적 문법파괴가 또 하나의 편에 해당된다.

[예2] 쿠쿠하세요 (성광전자 압력밥솥)

마지막 유형은 발음은 같지만 한자 표기로 보면 뜻이 다른 표현으로 변형한자 제목이 신문기사에 많이 나타나며 광고에서도 [예3]과 같이 많이 사용되고 있다. 편의 효과는 비주얼을 이용해 더욱 강화될 수 있다. 이현우(1998)는 별도로 분류하지 않았지만, 결국 이 비주얼과 함께 쓰인 편을 공명으로 보는 것이 옳다. 최근에는 한자뿐만 아니라 [예 4]처럼 영문표기에서 도 같은 기법들이 자주 등장하는데, 광고제작자들이 이에 대한 커뮤니케이션 효과를 기대하고 있음을 알 수 있다.

[예 3] 비(費)가 내린다 (TTL)

[예 4] 돈 Worry 비 Happy (TTL)

이렇듯 다양한 형태로 광고에 등장하는 동음이의의 익살, 편에 대한 체계적인 분류 기준을 제시한 연구자는 맥과이어와 믹(McQuarrie and Mick, 1996)이다. 카피에 나타난 수사적 표현을 표현 형태에 따라 규칙성에 의한 수사적 장식과 불규칙성에 의한 수사적 비유로 크게 나누고 수사적 작용에 따라 수사적

[그림 10-1] 수사적 표현의 개관

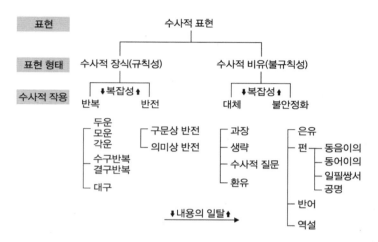

자료: McQuarrie and Mick(1996: 426).

장식은 반복(repetition)과 반전(reversal)으로, 수사적 비유는 대
체(substitution)와 불안정화(destabilization)의 네 가지로 분류했다.

반복은 반복되는 형식에 따라 두운, 모운, 각운, 수구반복,
결구반복, 대구로 나누었으며, 반전은 내용에 따라 구문상 반전
과 의미상 반전으로 구분했다. 대체는 과장과 생략, 수사적 질
문, 환유로 각각 분류했고, 불안정화는 은유(metaphor), 펀(pun),
반어(irony), 역설(paradox)로 나눴다.

앞의 내용을 종합한 것이 [그림 10-1]이다. 수사적 비유
중 불안정화의 하나로 펀은 은유, 반어, 역설과 함께 네 가지로
다시 분류되는데 <표 10-1>와 같이 동음이의(homonym), 동어이
의(antanaclasis), 일필쌍서(syllepsis), 공명(resonance)으로 나뉜다.

〈표 10-1〉 펀의 네 가지 유형

펀(pun)		우연한 유사성에 기초한 대체
종류	동음이의(homonym)	두 개의 의미를 가진 한 단어
	동어이의(antanaclasis)	다른 뜻으로 한 단어의 반복 사용
	일필쌍서(syllepsis)	구체, 추상의 양쪽을 겸하는 표현
	공명(resonance)	비주얼과 나란히 놓인 카피의 다른 의미

자료: McQuarrie and Mick(1996: 431).

넓은 의미의 동음이의의 익살로 일컬어지는 펀은 동음이의 그 자체, 다른 뜻으로 쓰인 한 단어인 동어이의, 하나의 동사가 구체나 추상의 다른 의미로 열린 표현인 일필쌍서, 동음이의어가 비주얼과의 관계에서 울림이 일어나는 공명으로 구분할 수 있는 것이다.

펀의 유형을 사례별로 살펴보자. 첫째, [예 5]는 소리글자인 우리말이 뜻글자를 함께 포함해 사용될 때 두 가지 의미를 함께 전달하는 동음이의의 역할을 활용한 경우로, 여기서 추남은 미남의 반대말이지만 가을의 분위기를 아는 남자로 사용되었다. [예 6]의 경우도 '내가 제일인 곳, 제일은행'이라는 헤드라인에서 '최고로 대우 받는다'는 의미와 나 스스로가 제일은행의 고객이 된다는 두 가지 뜻을 함께 내포하고 있다. 둘째, [예 7]에서와 같이 동어이의는 브랜드 이름인 '명심'과 명심하라는 같은 말을 다르게 반복해 강조하는 경우다. 셋째, 일필쌍서는 사랑과 믿음이 건축자재로 사용되지 않았지만 건축행위의 쌓고 다지는 대상으로 표현되었다.

[예 5] 가을 추남(秋男) (신세계백화점)

[예 6] 내가 제일인 곳 (제일은행)

[예 7] 명심을 명심하십시오 (신풍제약)

[예8] 사랑을 쌓고 믿음을 다졌습니다 (한진건설)

[예9] 피가로 / 파바로티 페이크 모델과 제시 (하나대투증권)

  마지막으로 동음이의어가 비주얼과 함께 사용된 [예9]의
경우는 둘 사이의 상호작용을 통해 주식 중개수수료 피(fee)가
낮다(low)는 카피와 루치아노 파바로티를 흉내 낸 모델(비주얼)
이 피가로의 결혼을 불러 둘 사이의 울림을 유도했다. [예10]
역시 뒤는 내가 책임진다는 카피와 뒤에서 엄호하는 전투장면,
그리고 제품이 내포한 쾌변(뒤)의 의미를 함께 제시해 울림을
유도했다. 이로써 커뮤니케이션 효과를 극대화하는 카피 작성
이 가능한 것이다.

  공명은 펀의 한 유형이라는 것을 알 수 있다. 그러나 다른
유형과는 달리 반드시 비주얼과 함께 사용된다. 이런 점에서
동음이의나 동어이의, 일필쌍서 등과 차별된다. 또한 [그림
10-1]을 통해 확인한 것처럼 수사적 표현에서 가장 마지막 부
분을 차지하는 비교적 진보된 기법이라는 것도 알 수 있다.

[예10] 뒤는 내가 책임진다 (파스퇴르요구르트 쾌변)

광고 소비자를 향한 끊임없는 소구기법의 발달은 오늘날 우리가 보게 되는 광고 수사학에 잘 나타나 있다. 그만큼 카피는 어려워지고 소비자와 또는 경쟁자와, 아니면 늘어나는 미디어들과 한정된 인지적 자원을 놓고 줄다리기하게 되는 것이다. 때문에 카피의 중요성은 이만큼 커지고, 카피라이팅은 그만큼 많은 노력을 필요로 하게 되었다.

생각해볼 문제

Q1 수사적 표현에는 어떤 것이 있나?

Q2 펀의 정의는?

Q3 펀의 종류는?

Q4 공명과 펀의 차이점을 설명하시오.

광고하기, 카피하기

예술과 광고의 만남

오르세 미술관의 명화들이 광고 속으로 들어왔다. 기업PR의 새로운 방향을 제시한 LG '생활예술 캠페인'은 명화를 패러디해 광고 속 제품배치(PPLA: Product Placement in Advertising)를 주된 아이디어로 미술관의 그림들을 대거 현실세계로 환생시켰다. 모나리자나 밀레의 이삭줍기 등과 같이 일반인들이 잘 아는 명작을 차용해 낯익은 것을 낯설게 하는 방식은 이미 새로울 것이 없지만 이전과 달리 새롭게 완성된 명화 캠페인 광고는 기호화(Coding)를 통한 의미의 공유를 목적으로, 최근 붐을 이루고 있는 명품소비와 관련지어 생각할 수 있다.

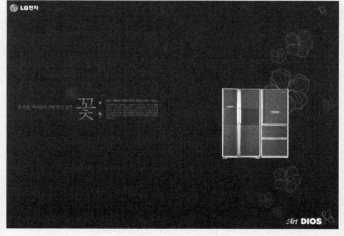

〈광고 예〉데카르트가 반영된 LG디오스 냉장고 광고

〈광고 예〉 LG그룹 기업PR 광고1

　다시 말해 대중의 품격 있는 소비지향 심리를 활용한 '매스티지(masstige)'▪이면서 아트와 기술이 만나는 '데카르트(Techart)'▪▪가 광고에 반영된 것이다. 대중매체에 실린 광고가 명품을 다룸으로써 소비자의 심리적 만족을 높일 수 있었다. 서양화에서 우리 풍속화까지 계절과 상황에 맞춘 명화가 다양한 광고에 사용된 것을 볼 수 있다.

　레오나르도 다빈치의 모나리자에서 로댕의 생각하는 사람, 밀레의 만종에 이르기까지 셀 수 없는 명작들이 광고에 등장한다. 한때는 이발소 그림으로 치부되던 명작의 모사품이 오늘날에는 매체를 통해 광고 안에 담겨 일반인에게 전달되고 있는 것이다. 이미 캠페인으로 여러 편의 광고가 만들어진 LG그룹 기업PR광고는 드가의 '발레교실', 반 고흐의 '밤의 카페테라스', 르누아르의 '세느강의 보트놀이' 등의 작품을 소재로 했다.

▪ 대중(Mass)과 명품(Prestige product)을 뜻하는 신조어. 소득 수준이 높아진 중산층 소비자들이 비교적 부담없는 가격으로 감성적 만족을 얻을 수 있는 고급 제품을 소비하는 경향을 말하는데 아트마케팅에 영향을 주었다.
▪▪ 최근 가전제품에 감성과 예술적 요소를 강조한 '데카르트 신드롬'이 확산되고 있다. 데카르트는 기술(tech)과 예술(art)을 합성한 신조어로 첨단 가전제품에 소비자들의 오감을 만족시킬 수 있는 디자인과 기능성을 구현한 것을 말하는데, 대표적으로 LG전자의 디오스 냉장고에 꽃의 작가 하상림의 플라워아트와 스와로브스키의 크리스털 큐빅이 인테리어 기능을 대신한 것이 있다.

광고되기, 카피읽기

김홍도의 '빨래터', '대장간' 신윤복의 '단오풍정(端午風情)'과 '검무도(劍舞圖)', 강희언의 '사인삼경도첩(士人三景圖帖)', 이인문의 산수화 '도봉원장(道峯苑莊)' 등 서양화뿐만 아니라 우리의 풍속도를 배경으로 하여 소비자들의 공감의 폭을 넓혔는데, 여가시간과 구매력이 늘어나면서 소비자들의 문화수준이 높아졌기 때문으로 풀이된다. 또한 저작권법의 사후 50년 조항에도 저촉되지 않아 과거의 명화를 별도의 비용 없이 사용할 수 있다는 장점도 있다. 이로써 과거 '사랑해요'로 기억되던 기업PR에서 진일보해 제품과의 관련성과 독창성을 살렸다. 기업의 일방적인 메시지나 공익적 메시지와는 달리 명화를 패러디한 광고로 소비자에게 어필하게 된 것이다. 이 광고는 기업이 국민의 문화적 수준을 높여주면서 LG라는 대기업이 국민들에게 '사회적 환불'을 해주었다는 평을 듣고 있다.

〈광고 예〉 LG그룹 기업PR 광고2

도전 카피라이터

[카피와 비주얼 사이의 울림!]

"어떤 카피라이터들은 이중의미, 말장난, 모호한 표현 등 교묘한 헤드라인을 이용하는데 이것들은 도움이 되지 않는다."

데이비드 오길비의 말입니다. 광고에서 지켜야 할 규칙들을 스스로 세우고 지키는 등 과학적 광고에 관심이 많았던 사람답습니다. 그러나 오늘날의 광고는 오길비의 생각과 반드시 일치하지는 않습니다. 합리적인 소비생활을 강조한 공익광고에서는 '사인'이 카드결제의 사인과, 야구에서 투수와 포수 사이의 사인 두 가지 의미를 갖습니다. 모호함이 소비자의 주목과 이해, 태도를 좋게 할 가능성이 있습니다. 만약 동음이의어를 활용하지 않고 헤드라인을 다시 쓴다면 어떻게 될까요?

* 헤드라인 다시 써보기

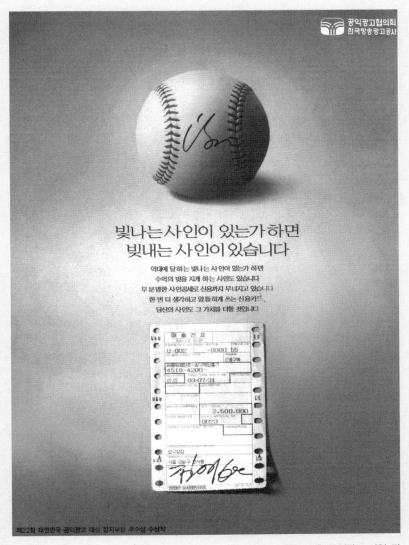

〈광고 예〉 공익광고 사인 편

- 공명기법을 정의할 수 있다.
- 광고 속의 공명기법을 분석할 수 있다.
- 공명을 활용해 카피라이팅할 수 있다.

[그림 11-1] 옥션 광고

위 그림은 옥션광고이다. 여기서 "판다"라는 카피는 판매를 의미한다. 그러나 하지원 편에서와 땅파기 편에서는 좀 다르게 사용된 것을 볼 수 있다. '판다', 즉 판매하다와 땅에 구멍을 낸다는 의미다. 오페라 편과 땅파기 편에서는 '내려간다'는 의미로 쓰이면서 내려가는 주체가 가격과 사람을 나타내 중의적으로 활용되었다. 이 광고에는 어떤 비법이 숨어 있는지, 수사적 비유로서 편의 하나인 공명기법에 대해 알아보겠다.

1 공명(resonance)

(1) 광고전략으로서의 공명

연구자에 따라 공명을 일반적 광고전략으로 보는 관점(Tayler, 1999; 아렌스, 2002; 이화자, 2003)과 표현 방법의 하나로 보는 관점(McQuarrie and Mick, 1992; Solomon, 1999; 山田理英,

1999)으로 나뉜다. 일반적 광고전략으로서 공명은 '좋은 광고'
에 대한 정의와 같으며, 효과적인 광고를 만들기 위한 방법으로
궁극적으로 소비자와 광고 사이의 공명(울림)을 꾀한다. 이와
반대로 수사적 표현으로서의 공명은 광고 제작과정에서 효과
적인 광고를 만들기 위해 사용된 카피와 비주얼 사이의 울림을
말한다고 볼 수 있다.

공명을 광고전략의 하나로 본 아렌스(2002)는 광고표현에
대한 적절한 시각을 갖기 위해서는 훌륭한 광고가 갖는 특성들
을 이해할 필요가 있다고 주장했다. 훌륭한 광고는 분명한 공통
점을 갖는데 두 가지 차원, 즉 수용자 공명(Audience Resonance)
과 전략과의 관련성(Strategic relevance)이 있다고 했다. 그가 말
하는 공명의 차원은 가슴 속 깊이 메아리쳐 울려 퍼지거나 가슴
을 떨리게 한다는 의미로 소비자의 마음을 울리는 광고전략을
말한다. 즉, 향수(鄕愁)소구나 정서(情緖)소구 등 머릿속에서의
울림을 일반적 광고전략으로서 공명으로 보았다.

기존의 광고전략 분류에서도 공명을 광고전략의 하나로
보고 있다. 프레이저(Frazer, 1983)는 포괄성과 선점, USP(Unique
Selling Proposition, 독특한 판매제안), 브랜드이미지, 포지셔닝
(Positioning), 반응유도, 감성적 소구(공명)로, 테일러(Tayler,
1999)는 정보소구 전략과 이미지 광고로 크게 나누고 이미지
광고 밑에 정서소구 전략, 사용자 이미지 전략, 사용 상황제시
전략, 식감(sizzle), 감각적 만족제시 전략과 함께 공명을 구분하
고 있다. 이화자(2003)는 동조전략이라고도 불리는 공명전략을

〈표 11-1〉 광고전략의 분류

연구자	분류 내용	시사점
Simon(1971)	정보, 논증, 심리적 소구, 반복주장, 명령법, 브랜드 친숙성, 상징적 연상, 모방, 혜택과 구매습관 권유	객관성과 설명력이 높음
Frazer(1983)	포괄성, 선점, USP, 상표이미지, 포지셔닝, 반응유도, 감성적 소구(공명전략*)	분석과정의 전문성 요구, 설명력 부족
Taylor(1999)	정보소구 전략: 일반적 편익소구 전략, 비교광고 전략, 선제 공격적 전략, 제품의 특장점 소구 전략, 포지셔닝 전략, 브랜드 친숙전략, 과장광고	정보소구 전략과 이미지 광고로 나누어 설명
	이미지 광고: 정서소구 전략, 사용자 이미지 전략, 공명전략*, 사용 상황제시 전략, 시즐·감각적 만족제시 전략	
이화자(2003)	USP, 선점, 브랜드이미지, 감성*, 공명, 포지셔닝	광고전략과 크리에이티브 전략을 묶어 설명

송신자가 수용자의 마음속에 간직된 정보나 경험의 종류를 심도 있게 파악하고 있고 어떤 자극을 주었을 때 저장된 정보가 일깨워지는 과정에 대해 깊이 알고 있을 때 쓸 수 있는 전략으로 소개했다. 역시 광고전략과 크리에이티브 전략을 USP, 선점, 브랜드이미지, 감성, 포지셔닝, 공명으로 함께 분류해 선행 연구자와 같이 광고전략의 하나로 보고 있다(<표 11-1>).

　공명은 울린다는 점에서는 같으나 일반적인 광고전략에서는 수용자와 광고 사이의 울림이고, 수사적 표현에서는 카피와 비주얼 사이의 울림이다. 이 책에서는 공명을 카피와 비주얼의 관계 속에서 발생하는 상호유희로 보고 이에 대한 유형화와 효과를 측정했다. 테일러(Taylor, 1999) 등이 분류한 수용자의 공명이 아닌 수사적 표현의 하나로 광고에 사용된 카피와 비주얼 사이의 공명을 말하는 것으로, 광고전략이 아닌 표현방법으로서의 공명을 일컫는 말임을 밝혀둔다.

(2) 광고 표현방법으로서의 공명

맥과이어와 믹(McQuarrie and Mick, 1992)은 공명을 "비주얼과 나란히 놓인 카피의 다른 의미(interplay between the ad's headline & the ad's visual)"라 보고 "광고카피와 이미지 사이의 상호유희(interplay)"라고 다시 정의하면서 수사적 비유에서 편의 하나인 공명을 독자적인 연구 영역으로 끌어올렸다. 이들은 언어유희(word play)와 적절한 비주얼이 모호성(ambiguity)과 불일치(incongruity)를 만들 때 이런 공명이 발생한다고 했다.

야마다리에이(山田理英, 1999)는 광고에 소비자를 유인하는 최대의 열쇠가 비주얼과 카피라고 지적하면서 이 둘이 균형 있게 조화를 이루지 않으면 소비자에게 아무것도 전달할 수 없고, 그 때문에 '비주얼과 카피'의 '공명(共鳴)'이 매우 중요하다고 했다. 솔로몬(Solomon, 1999)은 공명이 문학적 장치(literate device)로서 광고에서 종종 쓰이며, 이중의미를 가진 언어의 유희로 제품의 이점을 커뮤니케이션하기 위해 사용된다고 했다. 또 공명은 은유(metaphor)가 제품과 사람(또는 장소나 물건) 사이에 "A는 B다"라고 명백하게 비유하는 것과는 구별된다고 했다. 따라서 공명의 구성요건은 다음과 같다.

첫째, 카피와 비주얼이 함께 제시되어야 하며

둘째, 카피와 비주얼 사이의 상호유희(interplay)가 발생해야 하고

셋째, 모호성과 불일치로 난해(difficulty)를 느껴야 하며

넷째, 주목과 이해 후에는 '텍스트의 즐거움(pleasure of text)'이라는 보상을 받을 수 있어야 한다.

이상의 연구(McQuarrie and Mick, 1992; Solomon, 1999; 山田理英, 1999)들을 종합해본 공명의 정의는 다음과 같다.

> "광고 커뮤니케이션에서 카피와 비주얼 사이에 사용된, 동음이의어에 의한 상호유희로 커뮤니케이션 효과를 높이기 위해 쓰이는 광고표현 방법의 하나"

이는 앞서 지적한 바와 같이 수용자와 광고물 사이에 발생하는 일반적인 의미의 공명과는 다르며, 광고 표현방법의 하나로서 카피와 비주얼 간의 상호작용에 의한 결과라는 것으로 한정하면 이해가 쉽다.

광고 수사학의 이론적 배경을 제시한 맥과이어(McGuire, 2000)는 오늘날을 희랍시대, 로마공화정, 르네상스 수사학에 이은 소비자·광고의 세기로 이른바 '소비자 중심시대'로 규정했다. 연구주제에는 소비자연구, 설득, 수사적 언어 관점으로 접근했으며 소비자·광고의 세기는 라디오가 발명된 1925년부터 TV가 세상에 나온 1950년 이후 약 100년간(1925~2025)을 말한다고 했다. 그는 설득과 관련된 다양한 주제들의 연구 성과

[그림 11-2] McGuire의 '수사언어와 SMCRE 모델'

수사적 표현(수사언어)				
메시지 형식/세부항목				
송신자	메시지	채널	수신자	효과
S —	M —	C —	R —	E

자료: McGuire. W. J.(2000: 109~114)를 참고해 필자가 구성했음.

를 높이 평가했으며 설득 커뮤니케이션의 주된 주제를 ① 유머 광고, ② 논쟁광고, ③ 수사적 언어로 보았고 분야별로 더 많은 연구가 필요한 주제 중 하나가 바로 수사적 언어의 설득효과라고 주장했다.

그는 수사적 표현을 [그림 11-2]과 같이 SMCRE 모델로 설명하면서 송신자, 메시지, 채널, 수신자, 목표(who says it, what is said, via which medium, to whom, aimed at changing what)와 대응시켰다. 수사적 표현은 설득 커뮤니케이션 과정에서 전달 메시지의 효과를 높이기 위해 사용되는데, 맥과이어는 SMCRE 과정에서 주의, 이해, 태도 등의 광고효과가 발생한다고 설명했다. 수사적 표현은 메시지에 해당하고 메시지의 형식에 따라 주장, 함축/생략, 명령, 극단, 스타일 다섯 가지로 나뉘며 세부항목은 강도, 복잡성, 유머, 문채(文彩) 네 가지로 구분했다.

예술적 장치로서 공명은 기호학에서 말하는 "텍스트의 즐거움"(Barthes, 1985)을 수용자에게 제공한다. 적당히 애매하거나 모호하면 인지욕구를 자극하게 되고 이것을 해결하고 난

[그림 11-3] '기표-기의'와 '외의-내의' 관계

후의 보상으로 이어진다는 선행연구(Berlyne, 1971; Eco, 1979; McQuarrie and Mick, 1992; Peracchio and Meyers Levy, 1994)는 광고 표현방법으로서 공명의 유용성에 대한 이론적 배경을 제공한다.

언어는 확실하게 물건이나 삶의 한 영역, 사회적 내포임을 지칭하고 재현하며, 동시에 어떤 것을 직접적으로 얘기하기 때문에 이중의미(double meaning)를 가질 수 있다. 공명은 동음이의어에 의한 카피와 비주얼과의 상호작용을 통해 기호 - 대상(sign-object)으로서 언어의 두 차원을 지칭했다. 이 과정에서 [그림 11-3]처럼 기호학에서의 기표와 기의는 제시된 카피와 비주얼을 통해 겉으로 표현된 외의(外意)와 원래 전하고자 했던 뜻인 내의(內意)로 전환되는 것을 볼 수 있다. 기호학에서 말하는 기표와 기의의 관계는 공명에서도 동일하게 적용할 수 있다 (McQuarrie and Mick, 1992).

(3) 공명의 커뮤니케이션 효과

공명의 커뮤니케이션 효과는 일반적으로 광고가 수용자의 인지과정에 미치는 영향의 정도이다. 광고 송신자가 수용자들에게 광고 메시지를 전달해 그 수용자들에게서 얻은 여러

[그림 11-4] 광고 커뮤니케이션의 4단계

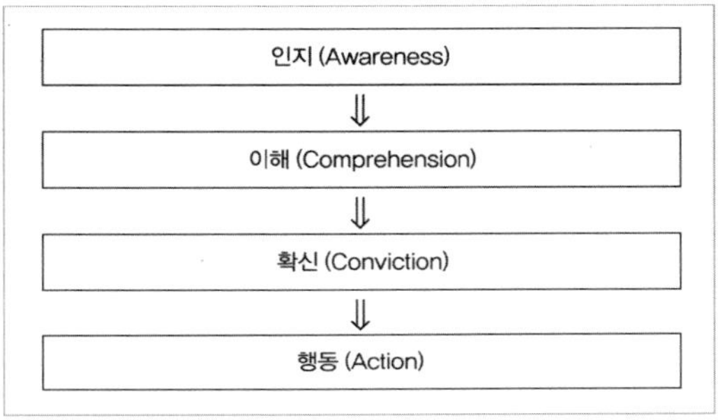

```
┌─────────────────────────────────────┐
│          인지 (Awareness)            │
└─────────────────────────────────────┘
                  ⇓
┌─────────────────────────────────────┐
│        이해 (Comprehension)          │
└─────────────────────────────────────┘
                  ⇓
┌─────────────────────────────────────┐
│         확신 (Conviction)            │
└─────────────────────────────────────┘
                  ⇓
┌─────────────────────────────────────┐
│           행동 (Action)              │
└─────────────────────────────────────┘
```

자료: 러셀 콜리(1998: 72).

가지 반응들 중에서 광고 송신자가 의도했던 반응을 주된 효과로 볼 수 있다. 이 효과는 광고 송신자가 광고활동을 통해 달성하고자 하는 목적으로 광고목표와 관계가 있다. 즉, 광고가 본래 의도했던 목표를 얼마나 성공적으로 달성했는가를 광고효과라 할 수 있다. 일반적으로 광고 커뮤니케이션에서는 잠재 소비자인 수신자에게 '인지 - 이해 - 확신 - 행동'의 과정을 거치며 일정한 수용 단계를 따라간다([그림 11-4]).

먼저 광고 상품이나 서비스에 관한 정보를 얻고 그 다음 단계에서는 상품이나 서비스에 대한 소비자의 호의적 태도를 이끌어내며, 마지막 단계에서 구매행동을 유발하는 전략을 사용한다. 공명은 광고표현 방법의 하나로 일련의 효과적인 커뮤니케이션 과정을 위해서 사용되는데 공명의 커뮤니케이션 효과는 인지적·감성적·행동적 차원의 태도를 포함해 무수히 많은 차원으로 생각할 수 있으나, 효과로서 측정이 가능한 최종

[그림 11-5] 공명의 3단계 커뮤니케이션 효과

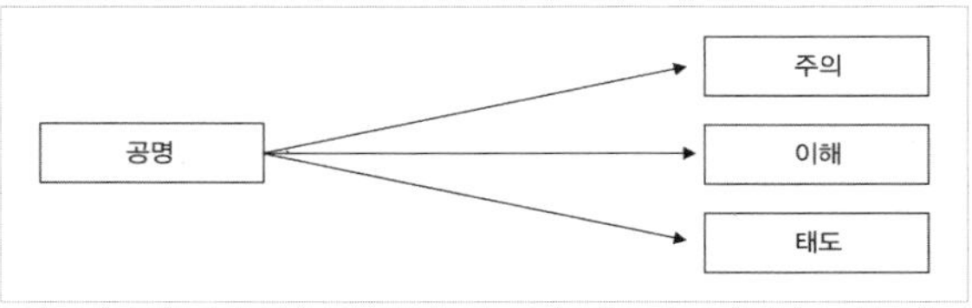

결과를 살펴보면 주의, 이해, 태도에 이르는 과정을 공명이 영향을 주는 커뮤니케이션 변인에 포함할 수 있다([그림 11-5]).

편에 대한 연구에서 공통적으로 등장하는 동음이의의 익살은 편의 기본적인 전제조건임을 알 수 있다. 그러나 편의 유형에는 동음이의뿐 아니라, 동어이의, 일필쌍서, 공명이라는 서로 다른 분류가 제시되므로 좀 더 구체적으로 살펴볼 필요가 있다. 수사적 표현은 매우 다양하고 복잡해 보이지만 일정한 규칙이 있어 표현의 규칙성과 복잡성으로 살펴보면 이해가 쉽다. 수사적 표현은 표현의 형태에 따라 규칙과 불규칙에 의해 수사적 장식과 수사적 비유로 분류됨을 알 수 있다. 또한 각각의 수사적 작용과 복잡성의 정도에 따라 규칙성은 반복과 반전, 복잡성은 대체와 불안정화로 다시 분류되어 제시되었음을 볼 수 있다. 편의 경우에도 동음이의의 익살 외에 다양한 차원이 있으며, 이에 대한 구분의 필요성을 알 수 있었다. 이 분류를 통해 이전 연구자들과 다른 체계적인 연구를 위한 개관을 갖게 되었다. 공명이 편의 한 종류이면서, 광고 수사학 연구의 흐름과 함께 바라볼 수 있는 관점을 제공받게 될 것이다.

생각해볼 문제

Q1 공명기법이 활용된 광고를 말해보시오.

Q2 공명과 중의법 카피의 차이점은?

Q3 공명의 정의는?

Q4 공명의 전제 조건은 무엇인가?

Q5 공명의 커뮤니케이션 효과에 대해 설명하시오.

모델이 된 더미

설득의 달인, 수사학의 아버지 아리스토텔레스가 광고를 만
든다면 어떤 사람들을 모델로 사용할까? 우선 송신자 공신력이
높은 사람들 중에서 매력도와 신뢰도, 전문성이 있는 사람들을
찾을 것이다. 이는 바로 에토스(ethos), 즉 말하는 화자, 모델의
설득력을 말한다. 광고의 모델, 광고주, 광고를 만드는 사람과
관련된 설득요인이 바로 에토스다. 높은 윤리의식도 바로 이
에토스에서 나온다. 물론 리더십이나 카리스마도 광고에 활용
된다.

광고모델이 갖는 심리적·물리적 매력은 소비자의 설득을 얻
기 쉽게 한다. 남자는 안성기, 유인촌, 박상원. 여자는 김태희,
전지현, 이영애 등이 우선 떠오를 텐데 이런 광고모델도 가끔씩
문제를 일으키기도 한다. 이유야 어쨌든 수억 원을 호가하는
빅모델(Big Model)에서 벗어나 강력하고 효과적인 '스몰모델
(Small Model)'이 필요하게 되었다. 그래서 광고인들은 과감하게
잠자던 더미(Dummy)를 깨워 카메라 앞에 세우는 아이디어를
내놓았다. GM대우의 디자이너 지나, LG텔레콤 이지온의 더미
는 해외광고나 공익광고, 또는 자동차 광고의 충돌시험에서나
만날 수 있었던 일종의 터부시되는 캐릭터. 그러나 이제 분명
한 캐릭터를 가진 여자 디자이너로, 합리적인 소비자로 분해
타이틀 롤을 수행하게 되었다. 연구에 의하면 2006년을 기준으
로 우리나라에서 전속모델료가 5억 이상인 광고주는 62%에 이
른다고 한다. 이에 따라 마케팅 비용이 급증하고 있으며, 중복
출연의 문제도 발생할 수 있다. 또한 빅모델의 경우 광고메시지

를 방해하는 뱀파이어 크리에이티브(Vampire Creative) 현상이
발생하기도 한다. 그 때문에 더 많은 더미가 광고에 등장하게
될 것이다. 다만 적절한가를 따져보고, 모델의 호감을 높이기
위한 노력도 함께 제고되어야 한다는 숙제가 남는다.

〈광고 예〉 GM대우 기업PR 광고

〈광고 예〉 LG텔레콤 이지패스 광고

휴머니즘에 소구하는 광고

광고의 영원한 주제는 사랑 또는 휴머니즘이 아닐까? '기술이 깊을수록 사랑입니다'라던 어느 카피에서처럼 말이다.

SK텔레콤의 '사람을 향합니다' 캠페인 중 하나인 '꽃' 편은 김춘수 시인의 꽃을 연상하게 한다. 우리에게 다가와 하나의 의미가 된 꽃들은 '재잘재잘 노란 개나리, 찬란한 봄을 기다리는 목련, 영혼까지 맑은 백합, 아직도 내겐 제일 예쁜 장미, 8천만의 가슴에 피는 무궁화'였다. '사람보다 아름다운 꽃은 없습니다'라는 카피는 흑백광고가 주는 묘한 여운과 스틸사진이 주는 정감과 어우러져 진한 휴머니즘을 낳았다. 기업의 목소리를 높이지 않는 광고로 오히려 좋은 반응을 얻고 있는 것은 보편적인 이야기로 감동을 만들어내는 광고가 기업 이미지에 긍정적인 영향을 줄 수 있음을 잘 보여준다. 디지털 기술이 발달한 시대에 살고 있다 하더라도 결국 그 기술의 목적은 사람이 아니냐는 주장이 호응을 얻은 것이다.

광고읽기, 카피읽기

〈광고 예〉 SK텔레콤 사람을 향합니다. 꽃 편

도전 카피라이터

[카피와 비주얼 사이의 울림!]

비교광고와 비방광고를 구분해야 합니다. 비교는 객관적인 자료의 비교이고, 비방은 상대방을 일방적으로 폄하하는 광고입니다. LG상사의 헤지스는 이 둘 어디에도 해당되지 않지만 경쟁사에게는 아픈 광고입니다. 굿바이 폴이라는 헤드라인과 폴로선수가 말에서 내려 헤지스 매장으로 들어가는 모습이 폴로(Polo) 브랜드 사용자가 헤지스로 바꿔 입는다는 설정입니다. 이어지는 카피('Follow your h')도 카피와 비주얼이 공명(共鳴)하고 있습니다. 비주얼은 그대로 두고 카피만 다시 써본다면 어떤 카피가 가능할까요?

* 헤드라인 다시 써보기
  ☞

〈광고 예〉 LG상사 헤지스 굿바이폴 편

CHAPTER 12

실전카피라이팅 1: 카피소구의 유형

|학습목표|

- 설득 커뮤니케이션 메시지로서 광고카피의 중요성을 이해한다.
- 카피 메시지 소구방식의 유형을 이해한다.
- 각 유형을 실제에 활용할 수 있다.

이 장에서는 설득 커뮤니케이션으로서 주된 광고 메시지인 카피의 소구방식에 대해 살펴보겠다. 설득의 방식에 따라 수용자의 반응은 달라진다. 즉, 광고카피를 어떻게 구성하는가에 따라 소비자의 광고에 대한 커뮤니케이션 효과에는 차이가 있다는 것이다. 따라서 카피라이팅 과정에 효과적인 메시지 구성을 위해 다양한 소구방법을 아는 것이 중요하다. 우리가 일반적으로 공포소구, 유머소구, 성적 소구라고 소구형식을 구분하는 것도 결국은 카피 소구의 특징과 관련이 있다고 할 수 있다. 그럼 카피 소구의 유형을 통해 실전카피라이팅을 경험해보도록 하겠다.

1 카피와 설득 메시지

무척 섬뜩한 광고가 있다. 이른바 공포소구 광고이다. 메시지가 위협적인 금연 캠페인 광로를 예로들 수 있다. 이렇게 광고는 아름답고, 웃기고, 겁주고, 비교하는 다양한 설득 메시지로 구성되어 있다. 모두 알다시피 광고는 PR이나 선전과 함께 가장 대표적인 설득 커뮤니케이션의 한 분야이다. 카피라이터가 어떤 유형의 설득 메시지를 구성하는가에 따라 소비자의 설득과정에 영향을 준다. 이것은 구술이나 논술과정에서도 동일하게 반복된다. 다시 말해 설득 메시지의 구조와 순서, 유형에 따라 서로 다른 효과를 낼 수 있다. 같은 콘셉트의 광고라도 메시지 유형에 따라 어떻게 말할지 결정되는 것이다.

2 강성판매 카피(Hard sell)와 연성판매 카피(Soft sell)

카피 메시지의 성격에 따라 대체로 강성판매(Hard sell) 카

피와 연성판매(Soft sell) 카피로 나눠 부른
다. 또는 학자에 따라 명시적(explicit) 결론
과 암시적 결론으로 부르는 경우도 있다.
강성판매 카피의 경우는 카피가 단호하고
주장이 분명하게 두드러진 경우이기 때문
에 명령의 형태를 띠게 된다. '예스셈' 광고
의 경우와 같이 구체적인 설명보다 "대한
민국 수학대표로 만나자!"라는 헤드라인
처럼 단호한 주장을 펼치며 강성판매 카피
메시지를 소구한다. 물론 분명한 주장이 있
기 때문에 명시적이라 할 수 있다.

　　반대로 연성판매 카피의 경우는 소비
자가 광고를 보고난 후에 자발적으로 결론
을 찾도록 도와준다. 윤선생 영어교실 광고
에서는 "어떻게 상현이는 중학영어를 5학
년 때 끝냈을까요?"라고 물어 어머니들이
장문의 바디카피를 읽도록 유도했다. 여기
서는 구체적인 주장을 숨겨 독자들이 판단
하도록 했다.

　　대체로 소비자의 교육수준과 주장에
동조하는 정도에 따라 강성판매 카피나 연
성판매 카피를 선택하게 되는데, 일반적으
로 교육수준이 낮고 거부감이 적으면 강성

[그림 12-1] 강성판매_예스셈

[그림 12-2] 연성판매_윤선생 영어교실

판매 카피로 한쪽의 주장(일면적 메시지)을 강조하고, 교육수준이 높고 주장에 상반될 때는 연성판매 카피인 양면적 소구로 설득하는 것이 일반적이다. 따라서 매체의 선택에서도 강성판매 카피의 경우는 인지도를 높이기 위한 TV 등 전파매체를, 연성판매 카피의 경우는 신문 등 인쇄광고를 많이 사용한다. 다만 두 가지 유형의 판매 카피는 소비자와 메시지 성격에 따른 선택일 뿐 우열이 있는 것은 아니다.

3 양면 메시지로서 비교광고

좀 더 효과적인 설득이 되도록 카피라이터는 비교광고를 소구기법으로 활용할 수 있다. 비교광고는 말 그대로 객관적인 비교를 통해 두 제품을 살펴 소비자가 우월한 점을 인정하게 하는 양면 메시지 소구의 성격을 갖는다. 한쪽의 주장만을 강조하는 것과는 달리 비교광고는 공정거래위원회에서 제시한 가이드라인에 의해 정해진 규칙 안에서 객관비교를 할 수 있다. 이것은 과거 기업 간의 무질서한 광고전쟁으로 소비자의 외면을 받아왔던 문제를 해결하고자 1995년 1월 1일 방송위원회의 광고심의 규정 개정과 공정거래위원회의 고시에 이어 2001년

9월 1일부터 본격 시행되었다. 경쟁 사업자
와 경쟁관계 제품의 비교표시 광고에서 동
일조건에 의한 객관적 비교 결과를 광고하
도록 한 것이다.

　이에 따라 그동안 감정적 대응으로 소
비자의 외면을 받아왔던 비교광고가 제 궤
도에 오르게 되었다. 다음 다이렉트원 광고
에 변호사와 의사, 회계사 등의 인물이 등장
해 "왜? 다음 다이렉트원으로 바꾸셨을까
요?"라는 헤드라인 아래 각 보험사의 요금
을 막대그래프로 제시해 비교하면서 38%
를 줄일 수 있다고 광고하고 있다. 이것은
전형적인 양면 메시지로, 비교를 통해 카피
메시지를 설득하고자 한 예다. 파란닷컴 광
고의 경우에도 자사 월간 방문객 수를 네이
버, 다음과 비교해 네이버가 3년 만에 이룬
1,800만 명 방문객을 1년 반 만에 이뤘다고
주장한다. 여기서 헤드라인 "파란 다음 네
이버"는 이런 사실을 비교해 설명하면서도
각 포털의 서열을 실제 로고와 함께 제시했
다. 또한, '다음(next)'이라는 중의적 기법을
활용해 효과를 극대화했다.

[그림 12-3] 비교광고_다음 다이렉트원

[그림 12-4] 비교광고_파란

4 이성적 소구와 감성적 소구

메시지 소구 방법의 또 다른 분류방법은 메시지의 내용이 이성적인지 감성적인지 살펴보는 것이다. 먼저 이성적 소구는 송신자가 자신의 신념이나 의견을 주장할 때 그것이 뒷받침되는 실증적·논리적 증거자료를 제시해 설득하는 방법이다. 통상 자동차나 전자제품 등 관

[그림 12-5] 이성적 소구_마이크로소프트

여도가 높은 제품의 광고에서 찾아볼 수 있다. 반면 감성적 소구는 구체적 실증 방법보다는 감성이나 느낌을 강조해 소비자의 감동을 자극하는 설득 방법이다. 마이크로소프트사의 광고를 보면 "더 많이 생겨라! 423,000명의 행복한 얼굴"이라는 헤드라인에 숫자 42만 3,000명을 넣었다. 이것은 IT 분야의 일자리 창출에 마이크로소프트사가 힘쓴 결과라는 것을 취업난 시대를 사는 국민들을 향해 이성적으로 소구하고 있다. 이와는 반대로 KT의 광고에서는 방긋 웃는 아기와 "Life is wonderfull"이라는 헤드라인을 통해 세상은 놀라움으로 가득하다는 감성적인 소구로 자사의 이미지를 설득하고 있다. 구체적 사실이나

논거를 제시하기보다는 소비자의 기호나 감정반응을 유도하는
방법이다.

5 유머소구

    사람에게는 자아를 지키려는 경향이 있다. 특히 광고 메시
지를 접하는 순간에는 더욱 그렇다. 낯선 사람과 쉽게 이야기를
주고받기 어려운 것도 이런 이유 때문이다. 마음의 빗장을 걸어
잠근 소비자를 향해, 광고는 어떻게 전하고
자 하는 메시지를 쉽게 전달할 수 있을까?
「광고의 분위기별 효과 분석」 연구 결과, 가
장 효과적인 소구방법은 코믹 아이디어 광
고인 것으로 나타났다. 국내 전체 광고에서
유머광고가 차지하는 비율은 10~20% 정도
인 데 비해 미국의 경우에는 40%나 되어 유
머소구가 많이 나타난다.

    이 같은 차이는 문화적 배경에 따른 소
비자 특성에서 원인을 찾을 수 있는데, 유머
광고 안에서도 골계, 해학, 풍자, 냉소 등 웃

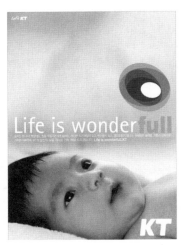

[그림 12-6] 감성적 소구 _ KT

음의 온도와 성격에 따른 유형으로 나뉜다. 우리 옛 속담 "웃는 얼굴에 침 못 뱉는다"처럼 웃음은 방어기제를 허무는 당의정과도 같다. 유머소구는 소비자에게 재미와 웃음을 전달해 자연스럽게 기억되도록 하고 결국은 소비자의 호감을 높여 소비자 행동에 이르도록 설계된다.

　쿠퍼스 광고의 경우 기존 토의 간 캠페인 두 번째 작품으로 모델 신구를 용왕으로 분장시켜 "토끼 끝이야", "너나 걱정하세요" 등의 카피와 함께 유머소구를 보여주고 있다. 이 광고는 광고포털 TVCF(tvcf.co.kr)에서 5주 연속 1위를 차지해 명예의 전당에 올랐을 정도로 호평을 받았는데, 이는 유머를 잘 활용해 메시지 설득효과를 높였기 때문이다. 그러나 카피에 유머를 활용할 때 제품과의 관련성이나 소비자의 성향을 잘 고려해야 하며 유머를 활용한 카피가 반드시 성공하는 것은 아님을 반드시 기억해야 한다.

[그림 12-7]
유머소구 _ 쿠퍼스

6 공포소구

매슬로우가 욕구 5단계 이론에서 지적한 것처럼 사람은
생리적 욕구와 안전의 욕구가 충족되지 않으면 사회적인 욕구
로 상승되지 않는다. 누구나 위협이나 위험으로부터 자신의
안위를 지키길 간절히 원한다.

[그림 12-8] 보건복지부 금연
캠페인 광고 단절 편

몸에 대한 관심이 높아지면서 보건복지부의 금연캠페인은 이전과 다른 소구기법으로 자학시리즈를 선보인 후 다시 '인간관계의 단절'을 콘셉트로 캠페인을 이어가고 있다.

처음엔 매력적인 여성 등장해 모든 이의 눈길을 끄는 성적 소구로 보이지만 나중에 급반전되는데, 미소와 함께 드러난 여성의 변색된 치아와 입 주위의 파리가 보일 때 "담배를 끊지 않으면 사람들이 당신을 끊습니다"라는 끔찍한 카피가 등장한다. 늘어가는 여성흡연에 대한 강력한 공포소구의 예라 할 수 있다. 이렇듯 카피는 웃음을 유도해 경계심을 무너뜨리지만, 때로는 강력한 위협을 통해 설득을 얻어내기도 한다.

7 성적 소구

'주목률의 3B'라는 말이 있다. 이것은 광고가 주목을 끌기 위해서 종종 사용하는 비주얼의 황금률을 말하는데, B로 시작하는 세 가지 그림이 통계적으로 주의를 집중시키기 좋다는 말이다. 3B는 동물(Beast), 아기(Baby), 미인(Beauty)을 일컫는데, 미인의 경우에는 남녀를 불문하고 성적인 매력이 있는 모델을 광고에 활용하는 것이다.

그러나 카피에서도 이에 못지않은 성적 소구가 많다. 주로 중의적인 암시를 활용한 예인데 성적인 내용을 암시하는 경우가 많았다.

보해 복분자주 광고의 경우에는 "죄송합니다. 제가 그만 보해복분자주를 마셨습니다"라는 모델 차승원의 너스레와 함께 "전설의 힘"이라는 브랜드슬로건, 부러진 전봇대를 함께 레이아웃해 성적 소구에 유머까지 함께 소구했다. 술이라는 업종의 특성도 있겠지만 제품 콘셉트를 광고 콘셉트로, 그리고 표현 콘셉트와 카피로 표현한 성적 소구의 전형적인 예라 하겠다.

이렇게 다양한 카피의 설득유형을 잘 이해하고 광고의 내용을 분석한다면 실제 카피를 쓰게 될 때 큰 도움이 될 것이다. 가능하면 그날 신문에 게재된 광고들을 살펴보면서 각각에 나타난 독특한 카피와 소구유형을 나눠보면 카피라이터의 고민 과정을 조금은 이해하게 될 것이다. 그들이 오랜

[그림 12-9] 성적 소구 _ 보해복분자주

시간 고민한 것을 잠깐 들여다보면 설득적이고 효과적인 카피 작성의 좋은 사례가 될 수 있다. 각각의 카피 소구유형을 이해했다면 신문을 펴고, TV를 켜고 그 안의 광고를 교재 삼아 열심히 연구하기 바란다.

생각해볼 문제

Q1 카피 소구유형에는 어떤 것들이 있나?

Q2 양면적 메시지의 대표적인 광고는 무엇인가?

Q3 유머소구나 성적 소구가 효과적인 이유는?

Q4 소구유형과 카피 작성 과정에서 소비자들의 문화적 배경이
   중요한 이유는?

광고는 스토리텔링

세상 여기저기서 '스토리텔링'이라는 말이 많이 사용되고 있다. 스토리텔링은 전혀 새로운 키워드는 아니다. 스토리보드나 썸네일을 실제 광고로 살려놓으면 그게 바로 스토리텔링이 되는 것이다. 그러니 모든 광고에는 스토리(Story)의 텔링(Telling)이 기본적으로 내재되어 있다. 이는 신화나 옛날이야기처럼 이미 오래 전부터 있었지만 오늘날 재조명받게 되었다. 광고라기보다 재미있는 이야기 시간, 이야기 공간으로 제시된 광고에 시선이 모이고 더 많이 읽힌다. "소비자들은 누구나 자기 나름의 세계관을 가지며, 그 세계관은 당신이 상품을 판매하는 데 영향을 미친다. 소비자의 세계관은 당신의 모든 말과 행동을 독자적으로 해석하도록 만든다. 그들의 세계관에 맞추어 스토리의 틀을 짜라. 그러면 당신의 이야기가 그들에게 들리게 될 것이다." 마케팅 구루 세스 고딘(Seth Godin)은 『마케터는 새빨간 거짓말쟁이』에서 이렇게 말하고 있다. 이제 광고에도 스토리텔링 크리에이티브 시대가 온 것이다.

광고에서의 로고스(logos)는 광고의 카피와 비주얼, 즉 메시지다. 논리적(logic)인 메시지를 포함하지만, 오늘날에는 이성적인 면뿐만 아니라 감성적인 로고스도 중요해지고 있다. 카피의 경우, 제시의 형태나 비주얼로서 텍스트가 활용되는 것을 보게 된다. 카피도 비주얼의 일부가 되는 것이다. 손글씨(calligraphy)의 맛은 다양한 폰트가 개발된 요즘에 그 위력을 발휘한다. 그것도 쓰는 사람의 목소리가 담겨 있다면 더욱 그러하다. 메리츠증권의 손글씨는 사실 충격적이었다. 증권회사가 "금융이 돈이 아니라 행복입니다'라고 주장하는 것 역시 새롭다. 과거 권위가 지배하던 시대라면 광고에 올릴 수 없는 악필이다. 그러나 자막은 편안함과 여유를 보여주고 있다. 행복이란 이런 것이라고 말하고 있다.

〈광고 예〉 메리츠증권 광고

[아이디어도 카피도, 생활의 발견!]

　평소 세상에 관심을 갖고 다양한 지식을 습득하는 일은 광고 아이디어와 카피라이팅을 위해 매우 중요합니다. 신문을 하루도 빠뜨리지 않고 읽는 것은 필수입니다. 네티켓을 강조한 2007년 공익광고 대상작품은 현업의 광고인들이 아닌 학생들 출품작이었습니다. 그만큼 아이디어의 세계에서는 얼마든지 청출어람이 가능합니다. 많은 공모전과 인턴십에서 본인의 능력을 발휘해볼 것을 권합니다. 아래는 치열교정에서 발상해 인터넷 언어교정이라는 크리에이티브로 확장한 사례입니다. 같은 아이디어로도 다른 카피가 나올 수 있습니다. 이제 여러분이 도전할 차례입니다.

　* 헤드라인 다시 써보기
　　　☞

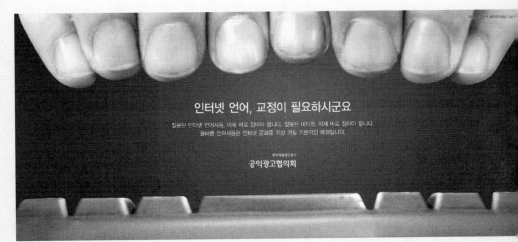

<광고 예> 공익광고 교정 편

CHAPTER_13

실전카피라이팅 2: 광고 공모전

|학습목표|

- 국내 대표적인 광고 공모전에 대해 알 수 있다.
- 카피를 중심으로 수상작을 이해할 수 있다.
- 대학생을 대상으로 한 광고 공모전을 준비할 수 있다.

　　한 해 100여 개의 대학생 공모전이 봇물을 이루고 있다. 물론 광고 공모뿐 아니라 논문이나 디자인을 대상으로 하기도 하지만 절반 이상은 광고 공모전이라 할 수 있다. 입상의 명예와 함께 취업에서 유리한 커리어도 쌓을 수 있어 인기가 높다. 이 장에서는 카피를 중심으로 수상작을 살펴보고 실전 카피라이팅을 경험할 수 있는 대학생 광고 공모전에 대해 알아보겠다.

[그림 13-1] 대학생 광고경진대회 주요 장면

1 광고 공모전의 시대

　　위 장면은 대학생 광고경진대회(2005)의 주요 장면이다. 전국적으로 진행된 기획과 제작, 프레젠테이션이 어우러진 국내 최대 규모의 본격적인 광고 공모전이었다. 과거 조선일보 대학생 광고 공모전이나 공익광고 대학생부문 등 몇 개의 공모

전이 있었던 데 비하면 최근에는 그 수가 많아진 것은 물론
질적인 부분도 크게 향상되었다. 특히 대학생을 대상으로 한
광고 공모전의 경우 전공자와 비전공자를 구분하지 않으며,
수상자에게 상금과 인턴십, 나아가 입사 시 특전을 제공하기
때문에 인기가 높다.

　이를 위해 학생들끼리 동아리를 만들어 준비하는가 하면,
수업은 물론 학교 차원에서 적극 지원하는 양상으로 바뀌어
이른바 '공모전 전성시대'를 맞고 있다. 이 책에서 공모전을
마지막에서 다루는 이유도 광고 전공자나 이 시대의 대학생들
에게는 열린 공모전의 기회를 잘 활용하는 것은 물론, 스스로
실습할 수 있는 결과물로서 공모전이 매우 유용하기 때문이다.

왜, 광고 공모전인가?

　광고뿐 아니라 우리나라 산업 대부분이 성숙기를 맞으면
서 저성장 고실업의 시대에 접어들었다. 필연적으로 구직이
힘든 것이 사실인데 아이러니하게도 구인이 어렵다는 목소리
가 높다. 직장을 구하는 사람은 많지만, 기업이 원하는 것을
갖춘 인재는 적다는 이야기다. 게다가 취업은 대학평가의 척도

[그림 13-2] 중앙일보 일자리섹션 Jobs
2005.10.11.

가 되고 있기도 하다. 졸업예정자의 경우 20대 절반이 백수란 의미의 '이태백'은 더 이상 새로운 조어가 아니다. 그러나 여전히 위기에 기회가 있고 미래는 준비하는 사람의 것이다. 많은 학생들이 광고를 공부하고, 이 분야에서 새로운 일을 시작하고 싶어 한다. 그러나 광고 분야만큼 능률과 실질을 중요하게 생각하는 분야는 없다. 다시 말해 현재 대다수 광고 관련 회사에서는 신입사원을 꺼리고 경력 있는 직원 채용을 더 선호한다. 과거 대형 광고회사가 신입사원을 뽑아 일정기간 교육시킨 후 현업에 투입했던 OJT(On the Job Training, 현장교육)는 보기 힘들다. 또한 큰 회사에서 교육받은 경력사원들의 공급도 과거처럼 원활하지 않다.

이 때문에 광고회사 인사담당자들은 쓸 만한 사람을 찾기 힘들다고 한다. 그러다 보니 '경력 같은 신입'을 원하게 된다. 문제는 신입사원이 자신의 경력을 보여줄 수 있는 기회가 매우 제한적이라는 점에 있다. 이 때문에 기업에서는 공모전이나 인턴십을 통해 신입사원의 열의와 전공학업을 검증하고자 하는 것이다. MBC애드컴, 대홍기획, LG애드 등 광고회사는 물론, DHC코리아, 애경, 금융결제원 등 사기업과 공기업에서는 자사 공모전 수상자에게 가산점을 주고 있다. 신문([그림 13-2] 참조)에서도 공모전과 인턴십의 중요성을 강조한다. 많은 기업들이 공모전을 개최하는 것은 1차적으로는 자사의 홍보효과 극대화에 있다. 단기간에 이목을 집중시키는 것이다. 참가하는 대학생들의 경우에는 이런 기회를 통해 커리어를 쌓을 수 있게 된다.

[그림 13-3] 공모전 가이드북

　　최근 공모전의 경향을 분석한 대학생 공모전 가이드북(2005, 대학문화신문사)은 공모전의 트렌드를 분석하면서 다음 몇 가지 특징으로 설명하고 있다.

　1) 총상금 1천만 원 시대
　2) 1년 내내 공모전 시대
　3) 해외로 견문 넓혀
　4) 체험 공모전이 늘어남
　5) 인턴, 채용특전 혜택
　6) 공모전 전용 포털 등장
　7) 공모전 당선작 실제 활용
　8) 대학생이 마케팅 컨설팅
　9) 자원봉사 형식 도입
　10) 공기업에서도 공모전 실시

또한 공모전 입상의 확률을 높이기 위해 몇 가지 가이드라인도 함께 제시하고 있다.

1) 자신 있는 분야를 선택할 것
2) 발상을 전환할 것
3) 트렌드를 파악할 것
4) 열정을 표현할 것
5) 주최하는 회사를 파악할 것
6) 기존 당선작을 검토할 것
7) 심사과정을 확인할 것
8) 실패를 두려워 말 것
9) 팀웍을 발휘할 것
10) 출품과정에 유의할 것

3 공모전에 임하는 자세: 즐길 줄 알아야!

언론광고학부의 신입생 면접에서 광고를 희망한 학생들에게 이유를 물어보면 "재미있을 것 같아서"라고 대답하는 경우가 절반이 넘는다. 재미, 공부가 재미있다는 걸 12년간 공부의 압박에서 막 벗어나는 순간 해탈한 것일까? 가장 이상적인 직업의 기준을 일과 놀이가 결합된 형태로 설명하는 사람들이 있다. 일하면서 즐기고, 즐기면서 일한다면 최상의 직업일 것이다. 화가나 시인들은 이런 맥락에서 축복받은 직업인이라 할 수 있다. 자신이 좋아하는 일을 하면서 생계를 이어간다면 말이다. 『논어』의 옹야편에 공자의 글이 실려 있다.

> 知之者 不如 好之者
> 好之者 不如 樂之者

　"대상을 알고자 하는 사람은 좋아하는 사람을 당할 수 없고, 좋아하는 사람은 즐기는 사람을 이길 수 없다"는 뜻이다. 공모전도 마찬가지로 결국 즐거워하고 즐길 수 있는 대상일 때 비로소 내 것이 되고 최고가 될 수 있지 않을까 한다. 광고란 무릇 배움의 대상으로 기꺼이 즐겨할 수 있어야 하며 업으로 삼을 수 있어야 한다. 공모전이란 그것을 확인하는 과정이다. 그러나 여기서 즐길 낙(樂)은 "피할 수 없으면 그것을 즐겨라!"는 군대식이 아닌 본인의 선택과 집중에 의한 것임을 명심해야 한다. 억지로 하거나 어쩔 수 없이는 하지 않는 것이 좋다.

4 대학생 공모전 수상사례

(1) 공익광고 공모전

흔히 디자인 전공이 아닌 일반 학생들은 광고 작품을 만드는 데 어려움이 많다. 자신도 없을뿐더러 인쇄광고는 물론 TV 광고의 경우 스토리보드만 꺼내놓고 한숨을 쉬기 일쑤다. TV의 경우는 완성된 작품을 제출하는 것이 아니라 대강의 그림과 설명, 카피로 이루어진 스토리보드 상태로 제출하는 것이므로 효과적으로 콘셉트와 아이디어를 표현하면 된다. 예로 제시된 첫 번째 공익광고 금연 편은 아주 단순한 아이디어에서 나왔다. 금연이라는 무거운 주제를 풀기 위해 담배를 끊었을 때 인체에서 나타나는 여러 변화를 스무고개 게임처럼 카피로 나열하고 "금연하면, 당신에게 이런 일이 일어납니다"라고 답을 제시하는 형식이었다. 비주얼의 경우는 디지털 카메라로 촬영한 화면을 거꾸로 붙여 비주얼과 카피의 부조화로 메시지 전달을 극대화했다. 마지막으로 담배를 끊는(자르는) 모습과 카피 "담배를 끊으면 생명은 이어집니다"

[그림 13-4] 공익광고 대학생부 입상작
_금연

라는 대구·대조를 활용해 설득력을
높였다.

통상 공익광고의 경우는 화려한
수사보다 기본적인 기법이 사용되는
것을 볼 수 있다. 따라서 초보자라도
큰 어려움 없이 조금만 생각하면 좋
은 광고를 만들 수 있다. 아트워크의
부담을 던 또 다른 작품은 환경관리
공단의 TV 스토리보드인데, 그림과
사진으로 구성되었다. 그러나 전문
적 지식은 아니더라도 간단한 카메
라 기법들을 알아야 하고 오디오와

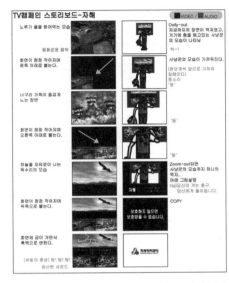

[그림 13-5] 환경관리공단 입상작

비디오에 대한 지시문 등을 구성할 수 있어야 한다. 카피의
경우에도 "보호하지 않으면 보호받을 수 없습니다"라는 대구
와 두운을 활용한 카피의 리듬을 반복했다. 스토리보드를 어
렵게 생각할 것이 아니라 생각을 전달하는 도구라고 보고 어
떻게 효과적으로 설명할 수 있을까에 집중하면 좀 더 효과적
인 광고물이 탄생할 것이다.

(2) 광고회사 및 일반기업의 공모전

대부분의 공모전이 일반기업에서 기획되고 진행된다. 특
히 제일기획과 MBC애드컴, LG애드, 농심기획, 금강기획 등
주요 광고회사의 공모전은 대학생들에게 인기가 매우 높다.

광고작품의 경우 해당기업의 광고주를 중심으로 과제광고를 요구하는데, 구체적인 자료는 해당 광고 담당자에게 얻을 수 있다. 또한 개별기업의 경우에도 자사의 대표 브랜드를 과제로 내는 경우가 많다. 거의 모든 기업이 1년 1회 공모전을 진행하므로 구체적 일정 등을 꼼꼼히 살피는 것이 중요하다. 또한 평소 기업 정보에 관심을 갖고 아이디어를 준비하는 것이 효과적이다. 대홍기획의 헌혈광고는 2002년 한일월드컵에 대한 국민들의 관심이 고조된 배경에서 탄생했다. 더 많은 국민들의 헌혈 참여를 유도하기 위해 헌혈 팩을 붉은악마 티셔츠로 합성했고 헌혈을 통해 진정한 붉은악마로 거듭날 것을 소구했다. 이렇듯 광고는 세상과 함께 가되 세상보다 반 발짝 앞설 수 있어야 하며, 카피 아이디어를 위해서는 평소 사람들의 관심과 트렌드에 남다른 촉수를 가지고 있어야 한다.

또 다른 환경캠페인 광고는 무심히 넘어갈 수도 있었던 생활 속 발견의 지혜가 돋보인다. 통에 담긴 휴지를 뽑아 쓸 때 나무를 베어내는 기계톱 소리를 들리게 해 더 쉽고 빠르게 환경보전의 중요성을 알리고 있다. LG카드의 경우는 같은 소리값을 가진 다른 두 단어, 즉 동음이의에 의한 재미를 활용한 카피가 두개의 광고에 레이아웃되어 있다. 광고는 여성을 대상으로 하는 LG레이디 카드인데, 헤드라인에서 준비된 여성의 카드, 언제 어디서나 당당할 수 있는 카드를 "Lady, Ready"라는 카피에 담았다. 영어를 직접 카피로 사용할 경우 너무 어렵거나 잘못 이해할 가능성이 있으면 쓰지 않는 것이 좋다. 화장

품 콤팩트와 가방 등 여성의 액세서리에서 비주얼 코드를 찾은
것도 아이디어가 좋았다는 평을 받았다. 금호타이어 엑스타의
경우에는 그림은 잘 그려내지 못했지만 카피와 아이디어를 잘
표현한 경우다. "자동차가 아니다. 이제 도로에서 느낄 수 있
다"는 카피는 주행 중인 차가 보이지 않고 바퀴자국만 보이다
가 마지막에 바퀴를 클로즈업해 보여주는 비주얼의 생략기법
을 활용했다.

[그림 13-6] 대홍기획 대학생 광고 공모전 입상작_ 헌혈

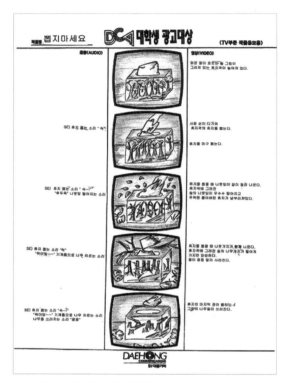

[그림 13-7] 대홍기획 대학생 광고 공모전 입상작 _ 환경

[그림 13-8] LG애드 대학생 광고 공모전 입상작 _ LG카드

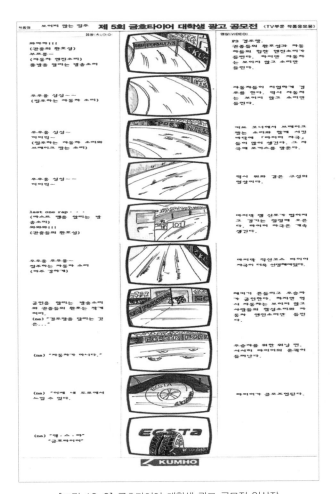

[그림 13-9] 금호타이어 대학생 광고 공모전 입상작

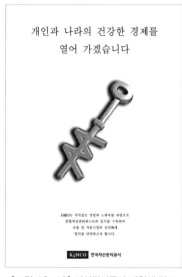

개인과 나라의 건강한 경제를
열어 가겠습니다

KAMCO는 가치있는 경험과 노하우를 바탕으로
종합자산관리회사로서 입지를 구축하여
금융 및 자본시장의 선진화에
일익을 담당하고자 합니다.

KAMCO 한국자산관리공사

[그림 13-10] 자산관리공사 대학생 광고
공모전 입상작

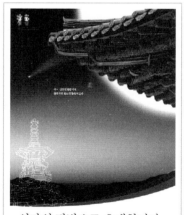

신라의 달밤으로 초대합니다

[그림 13-11] 지역혁신문화콘텐츠
입상작_신라의 달밤

(3) 국가 또는 공기업 공모전

최근에 와서 중앙정부나 지방자치단체, 공기업의 경우에도 광고와 홍보에 관심이 많아 전문가들에게 의뢰하는 경우가 많다. 또한 홍보를 위해서 크고 작은 광고 공모전을 진행하기도 한다. 공모전과 관련한 각 기업의 동향을 관심 있게 살펴봐야 한다. 부실 자산을 인수해 정리하는 자산관리공사 광고 당선작은 자산관리공사가 하는 일을 그대로 광고에 옮겨본 경우다. "개인과 나라의 건강한 경제를 열어 가겠습니다"라는 헤드라인은 비주얼인 열쇠와 서로 공명했다. 즉, "열어 가겠다"는 의지와 열쇠가 울림을 주고받았다. 카피를 작성할 때 비주얼과의 울림에 유념하면 좋은 반응을 유도할 수 있다. 돈을 의미하는 'W'를 열쇠의 홈으로 형상화해 아이디어를 완성했다.

지역문화 콘텐츠 공모전에서 입상한 경주 관광포스터의 경우에도 기존 가요의 가사에서 아이디어를 가져왔다. "아~ 신라의 달밤이여, 불국사의 종소리 들리어온다"라는 카피는 달밤기행이라는 새로운 여행을 잘 설명하고 있다. 아이디어라는 것이 새로운 것이 아니라 "기존의 요소들이 새로운 조합"으로 만들어지는 것임을 보여주었다. "신라의 달밤으로 초대합니다"라는 헤드라인은 굳이 기교나 멋을 부리지 않아도 잘 전달되었다.

다시 한 번 '카피의 3다(多)'를 강조하고 싶다. 좋은 카피, 좋은 광고를 만들기 위해서 기억해야 할 카피의 3多는 다독(多讀), 다작(多作), 다상량(多想量)이다. 다시 말해 광고를 많이 접하고 그 안의 카피와 발상, 전략 등을 많이 경험하며 습작을 통해 좋은 카피, 좋은 광고 아이디어를 연습하고, 실제로 많은 고민과 생각을 거쳐야 좋은 카피를 만들 수 있다.

5 대학생 광고 공모전 참고 사이트

공모전에 참가하는 방법은 공모전을 진행하는 주체에 따라 다르지만 대체로 아래 사이트에 공지가 되므로 정기적으로 방문해 새로운 소식을 확인하는 게 좋다. 인터넷 검색이나 학교 게시판을 주시해야 하며, 동아리를 통한 참가는 서로 정보를 교환하기 때문에 혼자 준비하는 것보다 효율적이다. 공모전과 관련해 한 가지 주의할 점은 공모전이 모든 것은 아니라는 점이다. 열심히 준비하는 것은 좋으나 공모전에 모든 것을 걸고

매달려서는 곤란하다. 공모전의 유용성은 분명하지만 본인의
목표와 관련이 없거나 과정보다 결과에만 집착하는 오류는 피
해야 한다. 수상에만 관심이 있어 표절이라는 부적절한 방법을
동원해 무리하게 공모전에 참가하게 되면, 잠깐 몇 사람을 속일
수 있겠지만 모든 사람을 영원히 속일 수는 없다.

www.adic.co.kr 광고단체연합회
www.thinkcontest.com 씽굿 공모전 포털사이트
www.saramin.co.kr 취업사이트 사람인(공모전정보)
www.designdb.com 디자인진흥원

생각해볼 문제

Q1 국내의 대표적인 광고 공모전에는 어떤 것이 있는가?

Q2 왜 공모전이 중요한가?

Q3 광고 공모전의 정보를 얻을 수 있는 곳과 방법은?

Q4 카피의 3多란 무엇인가?

손수 제작된 광고 UCC

웹 2.0 기술의 진보가 가져온 가장 큰 변화는 UCC, 즉 손수제작물의 등장일 것이다. 사용자가 직접 제작한 콘텐츠는 동영상과 같은 의미로 활용되었는데, 광고에서도 여러 편이 UCC 형식으로 구성되어 신선함을 주었다. 그러나 사실 알고 보면 실제 UCC가 아니라 SCC(Seller Created Contents)나 PCC(Proteur Created Contents)▪가 많다.

예를 들어 푸르덴셜생명의 아빠 캠페인은 걷지도 못하는 아이가 아빠를 향해 빠른 속도로 기어가는 모습이 나온다. "아빠가 그렇게 좋아?"라는 물음에 아이는 그저 까르르르 웃을 뿐이다. 이 대화에서 가족의 소중함과 진한 사랑이 감동으로 다가온다. 아빠라면 누구나 집에 있을 아이 생각을 하지 않을 수 없을 텐데, 소비자가 직접 촬영한 장면을 광고로 내보내 사실감을 높였다. 금호아시아나 그룹은 기업PR 광고에 UCC 형식을 도입했고, 제목부터 역발상이 돋보인 매일유업의 "바나나는 원래 하얗다" 백부장 시리즈는 UCC는 아니지만 UCC 형식의 새로운 촬영기법을 선보였다. 몰래카메라처럼 연출되어 소비자들에게 익살을 부린다. 이처럼 광고에 UCC 형식 차용 붐이 일고 있다.

이미 미국에서는 프리토레이사의 도비도스▪▪가 1회 방송에 수천억 원에 이르는 슈퍼볼 스팟으로 소비자가 만든 UCC 광고 5편을 선정해 방송한 바 있다. 소비자의 제작능력과 선택을 최대한 존중한 광고가 드디어 소비자와 균형 잡힌 쌍방향 관계를 유지하게 된 것이다. 앞으로 더 많은 광고가 소비자와 대화하고 소비자의 참여를 위해 문을 열게 될 것이다.

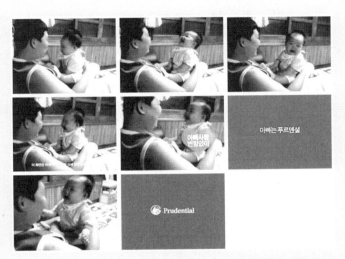

〈광고 예〉 푸르덴셜생명 '아빠사랑 변함없이' 편

〈광고 예〉 금호아시아나 기업PR '환경' 편, '헌혈' 편 광고

■ Proteur(Pro+Amateur)CC, 즉 전문가 수준의 실력을 가진 아마추어가 제작한 콘텐츠를 말한다. UCC보다 덜 자극적이고, 내용은 전문적 리뷰어(Reviewer)들이 만들어 콘텐츠 내용은 RCC라고도 한다.

■■미국 프리토레이사의 '도비도스' 광고는 UCC 공모전 수상작을 방영했는데 미국인이 가장 좋아하는 국민 스포츠 미식축구 결승전 슈퍼볼의 광고시간대에 일반인이 만든 UCC 동영상을 냈다. 프리토레이의 과감한 실험은 전년 대비 1,000만 달러 이상 상승이라는 성공적인 결과를 거두었다.

광고읽기, 카피읽기

인생은 짧고 광고는 길다

다매체·다채널 시대를 맞아 광고는 필연적으로 변화와 진화를 거듭하게 된다. 강화된 소비자의 선택권으로 광고를 만나는 시간과 공간을 소비자가 정하게 된다. 기존의 미디어와 크리에이티브로는 과거와 같은 도달과 빈도, 광고 효과를 만들 수 없다. 해서 설득의 예술과 설득의 기술은 더욱 정교해져야 한다. "인생은 짧고 예술은 길다. 기회는 덧없이 흘러가고 시도는 불확실하며 판단은 어렵다(Life is short, Art is long, Opportunity fleeting, Experiment uncertain, and Judgement difficult)"라고 했던 히포크라테스의 말처럼 힘겨운 것은 사실이지만 기회가 부족할수록, 판단이 어려울수록 설득의 예술은 돋보이게 된다. 팔 것이 있는 한 광고가 영원하듯, 광고가 있는 한 설득의 기술은 계속될 것이기에.

〈광고 예〉 매일유업 바나나는 원래 하얗다 백부장 편

도전 카피라이터

[조금 다르게 보기, 다르게 생각하기!]

공익광고에서 헤드라인은 주로 대구와 대조를 이루는 경우가 많습니다. 언어의 운율에 주목하게 되고 재미있는 리듬감을 주기 때문입니다. 재활용 재떨이 편에서는 이런 특징이 잘 나타나 있는데, 비주얼 또한 병의 입구와 재떨이를 합성해 다르게 보여주기가 엿보입니다. "재 털면 일회용! 안 털면 재활용"과 같이 일정한 법칙이 헤드라인에 숨어 있습니다. 헤드라인에서 재활용을 병의 색인 녹색으로 일치시킨 것은 재활용을 강조한 숨어 있는 또 다른 장치입니다. 그 밖에 바디카피에서는 재활용으로 인한 이득에는 어떤 것이 있는지 반드시 설득적으로 제안해야 합니다. 그럼 헤드라인을 다시 써볼까요? 좋은 헤드라인도 더 좋은 헤드라인에겐 그 자리를 양보해야 하니까요.

* 헤드라인 다시 써보기

☞

〈광고 예〉 공익광고 재활용 편

| 참고문헌 |

강태완. 1999. 「광고에 나타난 시각적 설득의 수사학에 관한 연구」. ≪광고연구≫, 43(여름), 169~187쪽.

김태형. 1995. 『카피라이터 가라사대』. 디자인하우스.

러셀 콜리(Collie, Russel). 1998. 『DAGMAR 광고이론』. 윤선길·조한웅 옮김. 커뮤니케이션북스.

야마다리에이(山田理英). 1999. 『광고표현의 과학화』. 유진형 옮김. 한국언론자료간행.

윌리엄 아렌스(Arens, W. F). 2002. 『현대광고론』. 리대룡·김봉현·김태용 옮김. 한국맥그로힐.

이원구. 2002. 『광고 꿈틀』. 디자인하우스.

이현우. 1998. 『광고와 언어』. 커뮤니케이션북스.

이화자. 2002. 『광고 what & how』. 나남출판.

이희복. 2005. 「광고의 수사적 비유로서 공명의 커뮤니케이션 효과」. 경희대학교 대학원 박사학위 논문.

_____. 2007. "행복과 대한민국으로 울리겠나". ≪한겨레21≫(2007. 12.18).

_____. 2007. 「방송광고에서의 패러디」. 이현우 외. 『방송광고 장르론』. 커뮤니케이션북스.

차유철. 2006. 「광고제작」. 이경자 외. 『현대사회와 광고』(제2판). 한경사.

최윤식. 2003. 「광고 아이디어 발상과 표현」. 이경자 외. 『현대사회와 광고』. 한경사.

홍주연. 2005. "끼 많은 나, 광고·홍보사가 딱". ≪중앙일보≫(2005. 10.11).

Anand, Punam & Sternthal, Brian. 1990. "Ease of Message Processing as a Moderator of Repetition Effects in Advertising." *Journal of Marketing Research*, 27(August), pp. 345~353.

Barthes, Roland. 1985. *Element of Semiology*. The Noonday Press.

Berlyne, Daniel E. 1971. *Aesthetics and Psychobiology*. New York: Appleton.

Blake, Gary and Bly, Robert W. 1998. *Elements of Copywriting: The Essential Guide to Creating Copy That Gets the Results You Want*. Longman Publishing Group.

Corbett, Edward P. J. 1990. *Classical rhetoric for the modern student*. New York: Oxford University Press.

Culler. 1988. *Framing the Sign: Criticism and Its Institutions*. Oxford: Blackwells, and Norman, University of Oklahoma Press.

Eco, Umberto. 1979. *The Role of the Reader*. Bloomington, IN: Indiana University Press.

Frazer, C. F. 1983. "Creative Strategy: A Management Perspective." *Journal of Advertising*, 12(4), pp. 36~41.

Hovland, C. I., Janis, I. L. and Kelly, H. H. 1953. *Communication and persuasion: Psychological studies of opinion change*. New Haven, CT: Yale University Press.

Jacoby, J. 1990. "The Miscomprehension of Mass-media Advertising Claims: A Re-Analysis of Benchmark Data." *Journal of*

Advertising Research, June/July, pp. 9~16.

Leigh, J. H. 1994. "The Use of Figures of Speech in Print Ad Headlines."
Journal of Advertising, June 23, pp. 17~34.

McGuire, W. J. 2000. "Standing on the Shoulders of Ancients: Consumer
Research, Persuasion, and Figure Language." *Journal of
Consumer Research*, June 27, pp. 109~114.

McQuarrie, E. F. and Mick, D. G. 1992. "On Resonance: A Critical
Pluralistic Inquiry into Advertising Rhetoric." *Journal of
Consumer Research*, September 19, pp. 180~197.

_____. 1996. "Figures of Rhetoric in Advertising Language." *Journal
of Consumer Research*, 22, pp. 424~438.

_____. 1999. "Visual Rhetoric: Text-Interpretive, Experimental, and
Reader-Response Analyses." *Journal of Consumer Research*,
26, pp. 37~54.

_____. 2003. "Visual and Verbal Rhetoric Figures Under Directed
Processing Versus Incidental Exposure." *Journal of Consumer
Research*, 29(4), pp. 579~587.

Mick, D. G. and Buhl, C. 1992. "A Meaning-based Model of Advertising
Experience." *Journal of Consumer Research*, 19, pp. 317~337.

Mothersbaugh, D. L., Huhmann, B. A. and Franke, G. R. 2002.
"Combinatory and Separative Effects of Rhetorical Figures on
Consumers' Effort and Focus in Ad Processing." *Journal of
Consumer Research*, March 28, pp. 589~602.

Munch, J. and Swasy, J. L. 1988. "Rhetorical Question, Summarization
Frequency, and Argument Strength Effects on Recall." *Journal
of Consumer Research*, June 15, pp. 69~76.

Peracchio, Laura and Meyers-Levy, Joan. 1994. "How Ambiguous

Cropped Objects in Ad Photos can Affect Product Evaluations."
Journal of Consumer Research, 21(June), pp. 190~204.

Petty, Richard. E. and Cacioppo, John. T. 1981. *Attitudes and persuation: Classic and contemporary approaches*. Dubeque, IA: Brown.

Scott, L. M. 1994. "Images in Advertising: The Need for a Theory of Visual Rhetoric." *Journal of Consumer Research*, September 21, pp. 252~273.

Simon, J. L. 1971. *The Management of Advertising*. Englewood Cliffs, NY: Prentice － Hall.

Solomon. M. R. 1999. *Consumer Behavior*(4th ed). NJ: Prentice-hall.

Taylor, C. R, Miracle, G. E. and Chang, K. Y. 1994. The Differently of Standardizing International Advertising; Some Proposition and Evidence from Japanese, Korean and U.S. Television Advertising. In: B. G. English(ed.). *Global and Multinational Advertising*, pp. 171~191.

www.adic.co.kr 광고단체연합회
www.designdb.com 디자인진흥원
www.onse.net/cyberad/tv.asp 온세통신
www.saramin.co.kr 취업사이트 사람인
www.thinkcontest.com 씽굿 공모전 포털사이트

••• 이희복 ‖ 상지대학교 언론광고학부 교수

한국외국어대학교 신문방송학과, 동 대학원 광고홍보학과를 졸업하고 경희대학교 대학원에서 언론학
박사 학위(광고PR 전공)를 취득하였다. 광고회사 MBC애드컴과 오리콤, FCB코리아, 경주대학교 방송
언론광고학부 교수를 거쳐 상지대학교 언론광고학부 교수로 있다. 현재 2011~2012 캘리포니아 주립대
학교 풀러튼 방문연구원으로 있으며, 커뮤니케이션을 통한 '창의와 설득'을 키워드로 광고연구와 교육
에 관심이 많다.
저서와 역서로『광고카피 이론과 실제』,『생각창고 광고로 배우는 창의학습』,『설득 메시지』,『광고와
스토리텔링』,『수사학이론』,『정치캠페인과 정치광고』,『광고비평』,『광고라 하는 것은』 등이 있다.
e-mail_boccaccio@hanmail.net
Twitter_@ohenrosang
Facebook_www.facebook.com/leeheebok

한울아카데미 1050

이교수의 카피교실

ⓒ 이희복, 2008

지은이 • 이희복
펴낸이 • 김종수
펴낸곳 • 도서출판 한울

편집책임 • 김경아

초판 1쇄 발행 • 2008년 7월 21일
초판 3쇄 발행 • 2013년 12월 20일

주소 • 413-756 경기도 파주시 광인사길 153 한울시소빌딩 3층
전화 • 031-955-0655
팩스 • 031-955-0656
홈페이지 • www.hanulbooks.co.kr
등록번호 • 제406-2003-000051호

Printed in Korea.
ISBN 978-89-460-4791-4 93300

* 책값은 겉표지에 표시되어 있습니다.